INPUT

THE POWER OF INPUT : How to Maximize Learning

最高學習法

激發最大學習效率的輸入大全

学び効率が最大化する
インプット
大全

精神科醫師
樺澤紫苑

賴郁婷 ———— 譯

有效學習且牢記不忘的
輸入大全

前言

「資訊爆炸時代」必須的輸入方法改革

　　隨著工作型態改革相關法案的實施，日本開始進入嚴禁過度加班的時代。在這樣的時代下，提高工作生產力成了必須的條件。針對這一點，鍛鍊輸入技巧、提升大腦的輸入效率，對各位絕對會有幫助。

　　輸入指的是透過書本或人、網路等媒介吸收，獲取資訊。更進一步來說，瀏覽電子郵件和閱讀工作資料，也算是輸入。

　　我們每天花很長的時間在大腦的輸入上。但是，想必一定有很多人縱使每天輸入大量資訊，卻不會活用，想不起來讀過的書在講什麼，對工作和實際的生活沒有任何改變或幫助。

　　在電車上，看手機的人很多，臉上掛著笑容的卻寥寥無幾，每

個人都是一臉疲態。根據某項調查顯示，所有手機使用者當中，有三成三的人都有「手機倦怠」的症狀。

如今網路上的電子資訊，比起二十年前增加了將近五千倍之多。而且可以確定的是，接下來我們接觸的資訊會以更可怕的速度持續爆增，進入「資訊爆炸」的時代。

換言之，用過去的輸入方法，不論在時間和精力上，都必須耗費更多才能處理如此龐大的資訊量。這便是造成「手機倦怠」和「資訊倦怠」的原因。

由於現今科技進步，大家若是再不針對「大腦輸入方法」進行改革，光是要應付資訊的輸入，就足以讓人筋疲力盡。更遑論要提高生產力、充滿幹勁地面對工作，根本是不可能的事。

如今只有做到輸入改革的人，才有辦法成為AI時代資訊化社會的贏家。

97% 的輸入都是白費的？！

有個實驗，要求175個人盡可能回想「過去一週內在網路上看到的情報」。結果發現，每個人回想起來的數量，竟然平均只有3.9則。

假設一天看到約20則情報，一週也有140則之多。其中卻只記得4則，情報吸收率僅僅只有3%。

各位的輸入方法，是否也全部成了沒有任何效果的「浪費時間」了呢？

「全日本輸出量最大的精神科醫師」的輸入方法

　　我的名字叫作樺澤紫苑，是名精神科醫師，同時也以作家的身分出版了三十本著作，被稱為「全日本輸出量最大的精神科醫師」。以下是我一部分的輸出：

電子報：每日發行，持續十四年
Facebook：每日更新，持續九年
YouTube：每日更新，持續六年
每日三小時以上的寫作：持續十二年
每年平均二至三本的出版：連續十一年
新作講座：每個月兩場以上，連續十年

　　如此龐大的輸出量，完全仰賴以下的輸入：

閱讀（只有空檔時間）：每個月二十至三十本書
手機使用時間：每天三十分鐘以下
網路資訊收集：每天十五至二十分鐘

　　事實上，我幾乎沒有花太多時間在輸入上。
　　即便如此，我仍舊可以有效率地收集每年三本書的寫作內容、每天更新的YouTube和電子報的靈感，以及最新的腦科學資訊等。大家都說我是「最瞭解最新資訊的人」。

　　這一切都是因為我採取以最短的時間，創造最高效率的輸入方法。

　　我在2018年8月出版的《最高學以致用法：讓學習發揮最大成果的輸出大全》，至今銷售已經突破六十萬冊，成為超級暢銷書。

　　之後，坊間接連開始出現許多「書寫方法」、「說話方法」、「筆記術」等和輸出相關的書籍，在全日本掀起一股空前的輸出風潮。

　　如今許多人都知道輸出的重要性。不過，事實上輸入和輸出是一體兩面，關係就像車子左右兩邊的輪子一樣，缺一不可。

　　「缺乏輸入」的人再怎麼努力輸出，頂多也只能做到「貧乏的輸出」。

　　我希望能有更多人重新審視、調整自己的「輸入」方法，透過「輸出」達到自我成長。基於這樣的想法，在《最高學以致用法》出版約一年後，我最想寫的題材，就是「輸入大全」。

　　我花了數萬個小時的時間，透過經驗和驗證，建立了一套絕對有效的「提高輸出力的輸入方法」。以下將為各位一一介紹。

　　希望各位務必詳讀，藉此加速自我成長的腳步。

CONTENTS

CHAPTER1 輸入的基本法則
RULES

CHAPTER2 運用科學方法留下記憶的閱讀術
READ

CHAPTER3 加深學習理解程度的聆聽方法
LISTEN

CHAPTER4 將一切化為自我成長的助力的觀察技巧
WATCH

CHAPTER5 以最短時間達到最大效率的網路活用術
INTERNET

CHAPTER6 激發所有能力的最強學習法
LEARN

CHAPTER7 激發輸入力突飛猛進的方法〈應用篇〉
ADVANCED

何謂輸出？

概略複習輸出的四大原則

《最高學以致用法》是日本第一本專以輸出為題材的書籍，換言之就是一本「輸出百科全書」。在進入作為續集的《最高學習法》的主要內容之前，先讓我們重新回頭複習一下關於輸出的基本知識。

輸出的基本法則 ①

兩週運用三次以上的情報，大腦會自動轉換成長期記憶

輸入後的兩週內不斷被運用的情報，大腦會視為「重要情報」，儲存在「顳葉」的長期記憶區中。因此，原則上來說，「兩週內輸出三次以上」，更有助於大腦將情報轉換成長期記憶。

輸出的基本法則 ②

輸出和輸入的循環──「成長的螺旋梯」

就像順著螺旋梯往上爬一樣，持續不斷反覆進行輸入和輸出，才是最有效的念書和學習方法，同時也是「自我成長的法則」。

輸出的基本法則 ③

輸入和輸出的黃金比例為 3：7

美國哥倫比亞大學（Columbia University）的心理學家蓋茲博士（Arthur Gates）曾進行某項實驗，要求一百名學童背下人物資料。隨著改變背誦時間（輸入）與練習時間（輸出）的比例，發現成績最好的，是輸入和輸出比例為3：7的組別。

輸出的基本法則 ④

檢視輸出結果，將經驗活用在下一次

要想達到自我成長，絕對不可或缺的過程就是「反饋」。也就是評估輸出的結果，然後根據這個結果，在下一次輸入時進行調整。因此，除了輸入和輸出以外，別忘了也要做到重新評估、檢討反省、改善、修正方向、細部調整、探究原因等步驟。

自我成長的螺旋梯

　　謹記「輸入3」:「輸出7」的黃金比例,透過反覆不斷的輸入與輸出,加速自我成長。

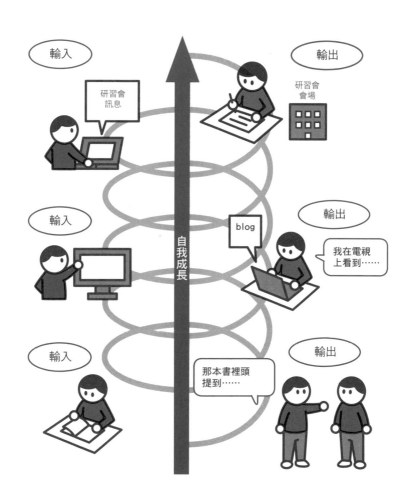

THE POWER OF
INPUT

CHAPTER1

輸入的基本法則

RULES

輸入重視「質」勝於「量」
Quality over Quantity

「品質好的輸入」決定了成長曲線

各位覺得以輸入而言,「量」和「質」哪一個重要呢?

答案是「質」。可是,大多數的人卻經常把「質」擺在一邊,只知道追求「量」。這或許就是各位無法達到自我成長的原因之一。

坊間有愈來愈多主張「閱讀之後必須做到輸出」等「輸出閱讀術」的相關書籍。但與此同時,強調「速讀」、「泛讀」等一直以來的閱讀術書種,依舊是市場的主流。

換言之,追求輸入量的人還是很多。也就是說,還是有很多人存在著「只要大量閱讀,就能達到自我成長」的錯誤幻想。

讓我們換個方式來問吧。

各位覺得下列何者可以達到自我成長呢?

A　每個月讀一本全壘打類書籍的人

B　每個月讀十本三振類書籍的人

所謂「全壘打類書籍」,指的是內容含有許多發現和學習,獲益良多,可作為座右書的書籍。「三振類書籍」則是指那些無法獲得任何驚人的學習,內容單薄,沒有用的書。

答案是A。

內容單薄的書讀得再多,都不如**扎扎實實讀一本真正對自己有用、可以得到許多「發現」和「TO DO」(應該做的事)的全壘打類書籍**,更有助於自我成長。以時間效益來說,也是「讀一本全壘打類書籍」花的時間遠遠來得少,效率卻更好。

再問另一個問題。

各位覺得下列何者比較能夠達到自我成長呢？

A 每個月讀一本全壘打類書籍的人

B 每個月讀三本全壘打類書籍的人

答案是B。

既然是「內容扎實的書」，當然是讀得愈多愈好，可以得到更多的學習，獲得的成長也愈多。換句話說，**輸入必須先重「質」，然後才追求「量」**。

輸入如果只是盲目地追求「量」，無法達到自我成長。必須先確保達到「品質」，再一步一步增加量。「品質」太低的輸入，等於毫無意義。

何者可達到自我成長？

讀 1 本全壘打類書籍的人　自我成長

讀 1 本全壘打類書籍的人　自我成長

讀10本三振類書籍的人

讀 3 本全壘打類書籍的人

質和量，何者重要？

盲目地大量輸入　自我成長

速度緩慢

先確保輸入品質

自我成長

質　量

大量增加高品質的輸入

突飛猛進

 輸入必須先重質，再追求量。

提高輸入精準度的方法
How to Improve the Quality of Input

大膽放棄「真正必要的資訊」以外的東西

現在請各位將這一個星期內在網路上看到的新聞、資訊和部落格內容，就記得的部分盡量寫下來，限時一分鐘。

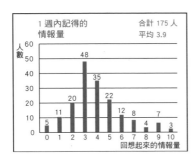

1 週內記得的情報量　　合計 175 人　平均 3.9

人數

回想起來的情報量

請問各位一共寫出幾則新聞和資訊金呢？如同我在前言提到的，我讓來參加研習會的175人接受這個測驗，最後得到的「回想起來的數目」平均是3.9則。最多的是10則，有大約半數的人甚至不到3則。

我們每天透過手機和電腦，從網路上接收到許多資訊。假設每天花30分鐘瀏覽20則情報，一週內接觸的資訊就多達140則。然而，其中記住的卻僅僅只有4則。**以吸收率來說只有3%。**

想必很多人一到休息時間，立刻就會拿出手機瀏覽最新資訊。但不過就只是**一個星期的時間，竟然就忘了97%的內容。**

輸入的「質」很重要，但是很多人的輸入品質卻非常低，到最後幾乎什麼都不記得。

上一節提到必須「提高輸入的品質」。針對這一點，本書統一以**「提高輸入的精準度」**的說法來表現。各位可以想像瞄準飛鏢靶的中心，應該會比較好理解。

大多數的人都不會挑選資訊。也就是說，大家在射飛鏢時都不看飛鏢靶。這麼一來，當然無法射中紅心。

如果可以設定對自己「真正必要的資訊和知識」，以精準的範圍去過濾，就能縮短輸入的時間，同時達到有效的輸出。因此，各位在輸入時，記得要挑選、區分自己需要的資訊。

針對「不必要資訊」，本來就要做到「不看」、「不接觸」。換言之就是必須努力「捨棄」這類的資訊。

在接下來的內容當中，我會為各位介紹如何把「輸入的精準度」提高至最極限。包括「打開天線」、「建立情報宅急便」、「建立情報圖書館」等方法。

各位只要確實執行，一定可以將原本只有約3%的吸收率，提高至90%以上。也就是說，**可以將輸入效率提升三十倍以上。**

到最後，各位就能幾乎不用花太多的時間，只收集自己真正需要的資訊，同時達到記憶的效果。如此一來便能在短時間內達到爆發式的自我成長。

一週內記得的情報量

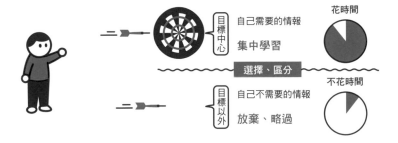

 滑手機是浪費時間的行為。先鎖定目標，再收集資訊吧。

記住才能算是輸入
Input Must be Remembered in order to Matter

情報若只是經過大腦卻沒有留下記憶，等於毫無意義

我在醫院開立處方箋時，都會花十幾分鐘的時間，針對藥物跟患者詳細說明。包括怎麼服藥、藥效的時間，以及常見的副作用等。然後，為了確認患者已經確實瞭解，我通常會問對方：

樺澤：「這樣你清楚了嗎？」
患者：「清楚了。」
樺澤：「好，那麼現在可以請你說明一次給我聽嗎？」
患者：「……」

這種時候，幾乎每個患者都回答不出來。換言之，大家完全不記得過去十分鐘內聽到的內容。有些邊聽邊做筆記的患者，或許多少還能說出一些。但是大部分的患者都只是看似在聽，事實上完全不記得醫生說了什麼。

這其中當然包含許多因素，包括面對醫生過於緊張、滿腦子只擔心自己的病情等。然而，如果連重要的說明都不記得，就算是可以治癒的病，也會變得治不好。

像這種聽人說話卻完全沒有留下任何記憶的例子，在生活中隨處可見。

就好比在學校上課也是一樣。上完五十分鐘的課之後，如果要學生「試著說明剛剛上課的內容」，可以馬上回答得出來的人，恐怕連一個也沒有。

這就是所謂的「左耳進、右耳出」，完全不記得任何內容。這樣還能稱得上是「輸入」嗎？

　　輸入指的是「**將情報放入大腦**」。若是情報放入大腦之後，卻沒有留下來，就不能算是「輸入」。

　　這樣充其量只是「過而不入」。「光只有聽」是不會留下任何記憶的。就像水會直接流過濾盆一樣，情報只是從大腦經過。我把這種聆聽稱為「濾盆式聆聽」。原本以為已經儲存在電腦裡的資料，如果實際上根本沒有儲存，就不能算是輸入。

　　輸入指的是**將情報放入（IN）並且置於（PUT）大腦中**。放入，並且置於大腦，才能稱得上是輸入。

　　換句話說，不管聽了幾個小時的話，若是沒有留下記憶，等於毫無意義。

何謂真正的輸入？

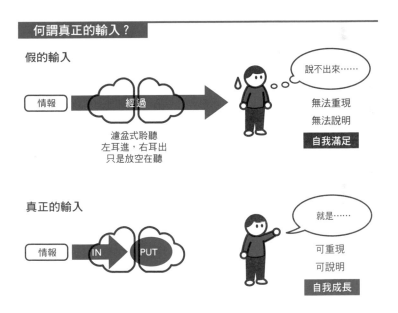

假的輸入

情報 → 經過

濾盆式聆聽
左耳進，右耳出
只是放空在聽

說不出來……

無法重現
無法說明

自我滿足

真正的輸入

情報 → IN → PUT

就是……

可重現
可說明

自我成長

將情報放入（IN）並且置於（PUT）大腦中，才算是真正的INPUT。

輸入的基本法則 1

The Basic Rules of Input 1

「放空地」讀、聽、看，都不算輸入

　　各位可以說得出輸入和輸出的定義嗎？

　　輸入指的是「讀」和「聽」，輸出指的是「說」、「寫」、「行動」。可以馬上回答出來的人，可以說對於《最高學以致用法》的內容都已經確實瞭解了。

　　繼《最高學以致用法》出版之後，坊間也出現愈來愈多和輸出相關的書籍。幾乎所有的書都採用《最高學以致用法》的定義——輸出指的是「說」、「寫」、「行動」。

　　那麼，輸入的定義又是什麼呢？基本上來說，輸入指的是「讀」和「聽」。除此之外，「看」也包含在內。

　　「輸入指的是『讀』、『聽』、『看』」。以「行為」本身來說，這句話並沒有錯。但是，如果上了五十分鐘的課之後，完全記不得內容，等於沒有將情報放入大腦中，這樣說來並不能算是輸

輸入的再定義

	假的輸入	真正的輸入
讀	放空地讀 read 濾盆式地讀	專注地讀 細讀　read carefully 深讀　read deeply
聽	放空地聽 hear 濾盆式地聽	專注地聽 傾聽　listen attentively
看	放空地看 see 濾盆式地看	專注地看　look 觀察　watch

入。這只是「濾盆式聆聽」，是「假的輸入」。

　　換句話說，**輸入的定義應該是「透過『讀』、『聽』、『看』獲得情報，並且留下記憶」。**

　　不是「放空地讀」，而是**「專注地讀」**，有意識地讀。不是讀過就忘，而是「細讀」、「深讀」（以能夠討論的水準深入閱讀）。

　　不是「放空地聽」，而是**「專注地聽」**。不是聽過就忘，而是邊聽邊思考，瞭解內容，有意識地仔細聆聽。或是「傾聽」，以英文來說就是「listen」，而非「hear」。

　　不是「放空地看」，而是**「專注地觀察」**。以結果來說就是注意細節的部分並進行觀察，留下記憶。以英文來說就是「look」（注視），或是「watch」（觀察），而非「see」（看）。

　　但是很可惜的，大部分的人都只是濾盆式地讀、濾盆式地聽、濾盆式地看。各位記得要集中注意力，有意識地將情報輸入大腦。

「放空」NG！

濾盆式地讀　　　　濾盆式地聽　　　　濾盆式地看

 專注聽人說話，不要只是左耳進、右耳出。

輸入的基本法則 2
The Basic Rules of Input 2

「輸入」和「目標設定」並行

我問最近開始學英文的A：「你為什麼要學英文？」

A回答我：「因為說不定對將來有幫忙。」

事實上，這是最要不得的輸入法。

輸入的目的不夠明確，不知道方向在哪裡。這麼一來，輸入的精準度會相對變差，幾乎不可能有任何自我成長。

無論是念書、閱讀、參加研習講座等任何學習和輸入，都**務必要先設定好「方向」和「目標」**。這短短十秒鐘的步驟，卻能讓輸入的精準度瞬間大幅提升。

以學英文為例，大家可以仔細想想「自己為什麼要念英文？」。

如果是「為了想留學」，主要的關鍵字就是「英文」，「留學」則是方向。根據這樣的設定，再進一步思考更明確的目標，例如「最後想達到什麼？」。

假設具體的目標是「想到澳洲打工度假」，接著就可以思考以這樣的目標，語文程度必須達到多少才能實現？如果「多益450分」就足以應付，何時達成？一定要連期限都設定出來才行，例如「2021年4月之前」。

一旦像這樣連具體的方向都設定好之後，就會知道具體的準備方法，包括「該買什麼樣的參考書」、「每個星期必須念幾個小時」等。

如果只是覺得「說不定對將來有幫忙」，等於對「自己想學習到什麼程度」、「學了英文要實際運用在什麼地方」等完全一無所知，當然就連適合自己的參考書和準備方法也無從選擇起。

所以，「輸入」與「目標設定」務必要一起進行。

我為各位設計了一個「目標設定表」，只要填入答案，就能得到明確的「方向」、「目標」和「期限」。

大家可以自行下載PDF版（http://kabasawa.biz/b/input.html）列印出來填寫，貼在書桌前，可以幫助各位提升幹勁，達成目標。

決定方向和目標

目標設定表

INPUT		OUTPUT
輸入什麼？		想變成怎樣？
關鍵字		到什麼時候為止（期限）
（具備）方向		目標

目標設定表（範例）

INPUT		OUTPUT
輸入什麼？		想變成怎樣？
關鍵字 英　文		到什麼時候為止（期限） 2021年4月為止
（具備）方向 留　學		目標 ・到澳洲打工度假 ・多益450分

 輸入前先花十秒鐘思考「這麼做的目的是為什麼」。

輸入的基本法則 3
The Basic Rules of Input 3

輸入和輸出為「一體兩面」

透過不斷輸入→輸出→反饋,可以達到自我成長的效果。這一點可以說是《最高學以致用法》最主要的「自我成長法則」。但實際狀況是,很多時候輸入和輸出都是同時進行。

舉例來說,網球比賽時必須一面緊盯著球和對方的動作,一面預測對方接下來的動作,同時雙腳還要隨時跟著移動。也就是說,獲得情報=輸入,和行動=輸出是同時進行的。如果先確認球的位置之後,雙腳才開始動作,應該會完全跟不上球吧。

日常生活中的對話也是,「聽」是輸入,「說」是輸出。若要說兩者是交叉進行,其實並不是這麼一回事。真正的情況是邊聽大腦邊思考接下來要說的話。換言之,實際上「聽」和「說」,幾乎是同時進行。

邊聽邊做筆記也是,不是聽對方說完一段話之後再開始做筆記,而是「聽」(輸入)和「寫」(輸出)同時進行。

從這些例子可以知道,事實上很多時候,輸入和輸出幾乎都是

輸入和輸出是一體兩面

INPUT

OUTPUT

同時進行，而非各自分開的動作。換言之，我們可以說**輸入和輸出**是「**一體兩面**」。

以比喻來說，假設五百圓硬幣的正面是輸入，反面是輸出。我們當然不能將五百圓硬幣的正面切下來，當成兩百五十圓來付。同樣地，輸入和輸入也是不能分離的一體兩面。各位一定要有這種認知。

有了這個認知之後，透過活用輸入和輸出「一體兩面」的特性，也就是兩者同時進行，就能**達到加深記憶、提高學習效率的效果**。

藉由同時進行來提高學習品質

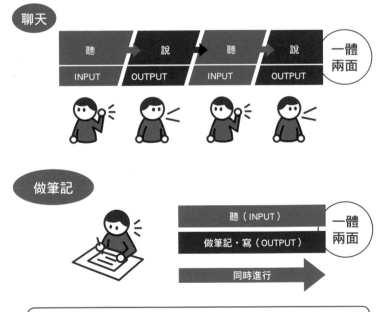

有意識地同時做到輸入和輸出，
而不是只專注在單方面。

以輸出為前提的輸入術 1
How to Input in order to Achieve Output 1

以輸出為前提＝以 AZ 來進行

相信很多人應該都「沒有時間反覆做輸出」。那麼,是否有什麼秘訣可以輕易地就能提升輸入的精準度呢?

在《最高學以致用法》當中曾經提到,以大腦的基本運作來說,在輸入之後的**兩個星期內,做到三次以上的輸出**,輸入的內容就能確實轉換成記憶。

不過,事實上還有個即便不反覆輸出,光靠一次的輸入就讓大腦記住的秘訣。那就是**「以輸出為前提來輸入」**。我將「輸出前提」稱為**「AZ」**（譯註:分別各取「輸出」和「前提」的日文發音第一個字母組成）。

英國倫敦大學曾經做過一項很有趣的研究。他們請實驗對象默背某些內容,並告知第一組「背完之後要接受測驗」,然後告訴另一組「背完之後要請你把內容教給其他人,所以請好好地背」。

經過相同時間的默背之後,針對兩組人進行同樣的測驗,結果發現告知要「把內容教給其他人」的組別,雖然後來沒有實際經過「教授他人」的過程,卻得到較高的分數。

「接受測驗」和「教授他人」都屬於輸出的行為,但「教授他人」所帶來的心理壓力相對來得比較大。換言之,只要以會帶來心理壓力的輸出為前提,即便沒有實際上的行為,也能激發大腦作用,提升記憶力,並提高學習效果。

再舉一個「輸出前提」的具體例子。例如到國外出差好了,假設你被公司派到紐約視察。這時候你應該會覺得「太好了!可以到國外工作了,我要好好地玩個過癮」。

不過，假使主管告訴你：「回來之後要請你進行一個小時的視察報告，對象是一百名同仁。」這麼一來，你就沒有時間只顧著玩了。

你必須到處拍照作為簡報的資料，確實地拜訪相關人員，進行採訪並做好筆記，還要收集資料。因為是以簡報為前提，所以不僅會強迫自己連細節的部分都記住，而且也真的會記住。

為什麼「以輸出為前提」會更容易記住呢？這是因為人一旦受到心理壓力而陷入緊張狀態，大腦就會分泌一種叫作正腎上腺素（noradrenaline）的物質。正腎上腺素的分泌會促使專注力提升，並提高記憶力、思考力和判斷力。

因此，只要以輸出為前提去做輸入，就能很輕鬆地留下記憶。

輸出前提＝ AZ 有助於活化大腦

出差地點

要向100個人做簡報……

筆記

拍照

我要把感想寫在部落格……

電影

心理壓力促使大腦分泌正腎上腺素，提升專注力和記憶力

以發現部落格或社群媒體的「輸出靈感」
為前提去做輸入。

CHAPTER1 RULES

以輸出為前提的輸入術 2
How to Input in order to Achieve Output 2

藉由「AZ」將輸入的效果提升百倍

我問一個前一天去參觀美術展的人:「那個美術展如何啊?」對方回答我:「很棒!」我再問:「具體來說好在哪裡?」對方回答:「很多作品都很棒!看完超級感動的!」兩個小時的藝術欣賞,最後做出來的輸出只有「三秒鐘」。

由於**輸出的量等於輸入的量**,所以換言之,這個人的輸入僅僅只有「三秒鐘」的分量。

參觀完美術展的隔天便無法做出任何輸出,自然一個月後什麼也記不得。這樣的輸出也未免太少、太單薄了。

然而,即便是如此不足的輸出,只要藉由「AZ」(以輸出為前提),馬上就能提升百倍的效果。

在我所主辦的「樺澤塾」讀書會當中,定期都會舉辦「和樺澤先生一起去美術館」的活動,截至目前已經舉辦過六次以上,包括「孟克展」、「梵谷展」、「布勒哲爾展」等。活動方式會讓參加者以自己的節奏欣賞指定的美術展,於集合時間在美術館大門集合,然後大家一起邊用餐邊分享心得,發表自己的感想。

以下是樺澤塾參觀「孟克展:靈魂《吶喊》的共鳴」(「Munch: A Retrospective」,東京美術館)時發生的故事。當天的分享會共有十一人參加,我請大家依序說說自己感想,於是大家開始發表。

每個人平均說了三到五分鐘,最後光是「簡單的感想」,全部就花了將近四十分鐘。就連身為主辦者的我,也針對「孟克的精神醫學」聊了快十五分鐘。

為什麼樺澤塾的學員可以說得出五分鐘以上的感想?那是因為他們平常就隨時將「AZ」放在心上的緣故。參觀的那一天也是,大

　　人之所以可以在喧譁中對自己感興趣的關鍵字產生反應，全都是因為大腦具備「選擇性注意」的過濾機制。

　　所謂的「選擇性注意」，是指大腦選擇性地對自己喜歡、感興趣的情報產生注意，優先將其轉換為短期或長期記憶的一種過濾作用。由於「選擇性注意」的這個說法不容易理解，因此在本書我通稱為「喜好和興趣的天線」。

　　換句話說，只要打開自己的「喜好和興趣的天線」，大腦就會自動在龐大的情報資訊中，挑選自己真正有用的情報來吸收。

打開喜好和興趣的天線

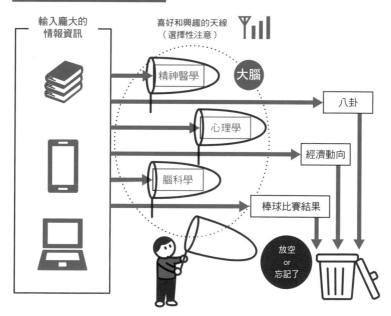

輸入龐大的
情報資訊

喜好和興趣的天線
（選擇性注意）

大腦

精神醫學

心理學

腦科學

八卦

經濟動向

棒球比賽結果

放空
or
忘記了

訓練自己可以說出喜歡或感興趣的
三樣事物吧。

如何只收集必要的情報 2
How to Collect Only Necessary Information 2

透過「自問自答」和「AZ」培養良好的靈敏度

打開「喜好和興趣的天線」，可以促使大腦主動收集對自己有用的情報。那麼，具體而言該怎麼做才能打開「喜好和興趣的天線」呢？以下便是打開天線的四種方法。

（1）列出自己喜歡和感興趣的關鍵字

以我為例，除了「精神醫學」、「心理學」、「腦科學」以外，我對「預防」、「運動」、「睡眠」、「AI時代」、「威士忌」、「電影」、「美食」等也都很感興趣。我會先將這些關鍵字全部列出來，不時拿出來瀏覽。

透過看著這些關鍵字，就能確實打開「喜好和興趣的天線」。關於「關鍵字視覺化」的具體方法，248頁將會有詳細解說。

（2）確定自己的目的和課題

一旦決定輸入的學習目標，大腦就會優先選擇相關的情報來吸收，達成目標。

舉例來說，我在參觀孟克展之前，會先為自己設定好「孟克在畫《吶喊》時的精神狀態為何？他真的有精神病嗎？」的課題，之後再開始參觀展覽。如此一來參觀時自然會特別留意這個部分。

（3）對自己發問

「發問」可以說是打開天線最簡單的方法。

舉例來說，各位可以問自己「自己的弱點是什麼？」。假設答案是「不擅溝通」，天線自然會打開，主動搜尋「提升溝通能力的方法」。

　　換言之，大腦一旦接收到「問題」，就會主動去尋找「答案」。

（4）以輸出為前提來進行輸入

　　「看完書要將感想寫在部落格」→「尋找可以寫部落格的主題」。

　　「參觀完孟克展要做五分鐘的感想發表」→「從繪畫中尋找屬於自己的發現」。

　　只要隨時把AZ放在心上，大腦就會告訴自己「要努力搜尋值得輸出、不會讓自己太丟臉的情報」，主動切換成收集情報的模式。換言之可以說「AZ」就是打開「喜好和興趣天線」最好的方法。

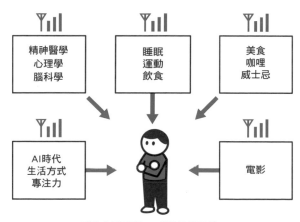

列出自己喜歡、感興趣的天線

大腦主動搜尋必要的情報

 對自己進行採訪提問，確定興趣天線的方向。

運用大腦機制提高記憶力
Improve Your Memory by Using Neural Mechanisms

伴隨著喜怒哀樂的事件才會留下深刻記憶

各位記得一個月之前的今天，你在哪裡、和誰一起吃了什麼東西嗎？我想應該沒有人可以馬上回答得出來吧。

那麼，如果問題換成去年的跨年，也就是12月31日，你和誰在哪裡吃了什麼東西呢？這個問題大家應該就能回答得出來了。

明明只是一個月前的事情卻不記得，又為什麼會對這麼久之前的事記得那麼清楚呢？那全都是因為開心的緣故。

我曾說過「輸入之後必須在兩週內輸出三次以上，大腦才會留下記憶」。不過其實也有例外存在。

伴隨著喜怒哀樂這些感受受到刺激的記憶，就算沒有輸出或複習，記憶也會特別鮮明。

學校的課本就算讀過一遍也幾乎什麼都記不得，但如果是最愛的漫畫，就算只看過一遍，不管經過幾年都還記得詳細的故事內容。各位不覺得很不可思議嗎？

喜怒哀樂會增強記憶

大腦物質	感受	實例
腎上腺素	恐懼、憤怒	忘不了看恐怖電影時的恐懼
正腎上腺素	悲傷、緊張、不安	過了一年仍忘不了失去愛犬的悲傷
多巴胺	開心、快樂	至今仍記得二十年前結婚時發生的事
腦內啡	感謝、開心	對高中時在縣大賽上獲得優勝記憶猶新
催產素	愛、親切	不管經過多久都忘不了以前的情人

我在三十幾年前看過漫畫《北斗神拳》，雖然只看過一遍，卻到現在還記得詳細的內容。這是因為看《北斗神拳》讓我感到既開心又激動、渾身熱血沸騰、興奮不已。這時候的我毫無疑問地，大腦正分泌出多巴胺和腎上腺素等物質。

腎上腺素和正腎上腺素、多巴胺、腦內啡、催產素等伴隨著喜怒哀樂的情緒而分泌的大腦物質，都具備增強記憶的作用。

即便已經好幾年，卻還清楚記得婚禮發生的事，全都是因為當時大腦分泌多巴胺這種「幸福感的化學物質」的緣故。又例如之所以忘不了看恐怖電影時的恐懼感，也是因為恐懼和不安促使大腦分泌腎上腺素和正腎上腺素的關係。

刺激感受、伴隨著喜怒哀樂的事件，都會在大腦留下深刻的記憶。以下就是七種運用這種大腦機制的「刺激感受的輸出方法」。

刺激感受的輸出方法

1 善用故事（閱讀漫畫或小說形式的商管書）。

2 重視自己的好奇心。選擇讓自己躍躍欲試的東西來學習。

3 買了書馬上閱讀。趁著還有「好想看這本書！」的心情時趕緊閱讀。

4 「不懂」就馬上找答案。

5 在大舞台進行演講（藉由「緊張」、「興奮」、「教授」的心情來增強記憶）。

6 透過電影和藝術欣賞激發「感動」和「學習」。

7 從旅行（緊張、興奮、感動）中獲得學習。

 在好奇心的驅使下挑戰新事物。

THE POWER OF
INPUT

CHAPTER2
運用科學方法留下記憶
的閱讀術

READ

01 閱讀書本
Read a Book

閱讀是學習的第一步

以下是一段實際發生的對話。

A：「我想參加一個三個月二十萬圓的心理學講座，你覺得如何？」

我：「你以前有讀過什麼有關心理學的書嗎？」

A：「都沒有，不過我從以前就一直很想學心理學。」

我：「既然這樣，你何不先去找一本心理學的書來看看？」

一個連一本心理學相關書籍都沒有讀過的人，一下子就報名昂貴的心理學講座，大抵只會得到「這和我想學的心理學不同」或「太難了，完全聽不懂」的結果，有時候甚至會覺得「自己被騙了！」。二十萬圓就像丟入水中一樣一去不回，時間和金錢全都白費了。

如果事先已經讀過好幾本有關基礎心理學的書籍，從中找到方向，例如「我想特別針對阿德勒的心理學去瞭解、學習」，這時候再花大錢報名講座或研習，甚至是深入研究，才是可行的方法。

學習是有步驟的。依循著應有的步驟往上爬，輸入的效率才會好。若是一下子就挑戰高難度的學習，只會讓輸入的效率變差。非但如此，還會浪費了金錢和時間，最後什麼也沒學到。

以學英語會話來說，可以先找幾本英語會話的書來試著讀讀看，接著利用手機上的英語會話語音教學APP，或是YouTube的英語會話頻道來自我練習，也可以報名英語會話學校的小組課程。等到學會片語的運用之後，再接受英語會話一對一的課程練習。以這樣的步驟一步一步進行就行了。

假設連「apple＝蘋果」都不知道的人，就算報名了一小時一萬圓的個人課程，光是學習實用英語會話之前的基礎就會花費許多時間，太浪費了。

不照著步驟學習的人，只會浪費時間和金錢，得不到任何成長。繞了一大圈又白費力氣。只有掌握「學習步驟」，透過階段性地學習，才能在最短的時間內最快速得到最大的自我成長。

所以說「閱讀」就是學習的第一步，因此本章接下來就先針對「閱讀」來為各位介紹相關的輸入技巧。

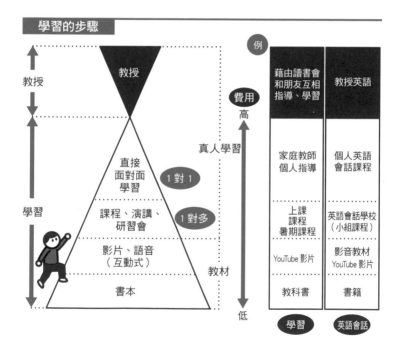

學習的步驟

找到自己想學什麼之後，
先買本書來讀讀看吧。

02 一個月讀三本書
Read Three Books Each Month

「一個月讀三本書＋輸出」 勝過「一個月讀十本書」

提到閱讀，大家一定會問到閱讀量的問題，例如「一個月要讀幾本書才行？」。

我先問各位一個問題，一個月讀十本書、但幾乎不做輸出的人，和一個月讀三本書、每一本都確實做到輸出的人，何者可以達到成長呢？

沒有輸出就沒有記憶，經過半年或一年之後就差不多全忘了。這麼一來，就算讀過也沒有意義。沒有輸出「只有輸入的閱讀」，就算是十本或一百本，也是毫無意義。不對，應該是說**由於還花了時間和金錢，所以反而是種「損失」**。

《最高學以致用法》出版之後，市面上有愈來愈多強調輸出的重要性的書籍。不過在這些書當中，大部分的內容都還是「速讀」或「泛讀」等強調輸入的「分量」，也造成大家一窩蜂地追求。

假設是「速讀＋輸出」或「泛讀＋輸出」等確實結合輸入和輸出，兼顧一體兩面的話倒還無妨。只不過，對忙碌的上班族來說，一個月讀十本書，而且每一本都要確實做到輸出，實在非常困難。

何者可以達到成長？

一個月讀三本書，且每一本都做到輸出的人

> 那本書很有趣唷！內容是關於……

一個月讀十本書，但是沒有任何輸出的人

> ……。

加速自我成長　　輸入完全白費

既然如此，就讀完一本、確實輸出一本吧。先寫下自己的「發現」和「TO DO」，寫下感想。將讀過的內容和家人或公司同事、下屬、朋友分享，並且試著落實TO DO和書裡的內容。也可以找機會教授他人。**透過這些輸出，才能「學會」書中的內容。**

等到學到某種程度之後，再讀下一本書。假設每讀完一本書都要做到如此徹底的輸出，一個月讀十本是不可能的，所以各位可以確實讀完三本就行。

不是一本接著一本地讀，而是每讀完一本就確實做好輸出，直到「學會」為止。等達到某種程度之後，再讀下一本書。**必須像這樣輸入同時搭配輸出，才能真正發揮效果。**

讀完之後一定要做到輸出

INPUT	OUTPUT

閱讀 → 寫 → 說 → 行動 → 教授 → 學會

寫下「發現」、「TO DO」寫下感想

和家人分享和同事、下屬分享和朋友分享

落實「TO DO」實踐書裡的內容

下一個輸入

閱讀下一本書

徹底做到輸出、真正學會之後，再讀下一本書

 申請一個社群媒體的帳號來輸出自己的閱讀感想吧。

03 深入閱讀
Read Carefully

以輸出為前提加速「深讀」

　　我不時會和一位「懂得速讀」的人碰面，但是每當我問他「你最近讀了什麼書？那本書好在哪裡？可以請你告訴我內容的重點是什麼嗎？」，他總是頓時無言以對。

　　如果讀完一本書卻連一分鐘的感想都說不出來，這樣還能叫作「讀過了」嗎？這樣不過只是眼睛隨著文字跑，什麼都不記得。換言之就是「濾盆式的閱讀」。

　　我並不推薦速讀和泛讀，因為這類型的閱讀方法對內容的理解非常淺薄，只是說不出感想（無法輸出）的濾盆式的閱讀，就算讀完一百本，也幾乎不會有任何自我成長。

　　各位的目標是「自我滿足」嗎？還是「自我成長」呢？

　　閱讀的重點在於「深入閱讀」，而非「快速讀完」或「讀得多」。我將這種方式稱為「深讀」。

　　我認為的「深讀」的定義是，以「能夠針對內容進行討論的水準」為前提來閱讀。例如可以花十分鐘和他人說明內容，或是可以在聚會時向大家進行十幾二十分鐘的熱烈分享，這就叫作「能夠進行討論的水準」。

　　換句話說，對於書本的內容「能夠做到徹底的輸出」，即表示達到「深讀」的水準。舉例來說，假設讀完一本書之後能夠在部落格上發表言之有物的感想，就表示已經做到「深讀」。

　　一個以10%的深度讀了十本書的人，和一個以50%的深度讀了三本書的人，各位覺得何者的輸入量較多呢？就算閱讀量少，以「深讀」一本一本扎扎實實地讀完的方式，以結果來說得到的輸入量反而較多，而且達到自我成長的目的。

　　要做到「深讀」，必須「以輸出為前提」來閱讀，而且讀完之

後要確實做到輸出。只要這樣就行了。將讀完每一本書的感想確實寫成文章，只要累積二十本以上，閱讀技巧肯定會提升不少。

別再追求「速讀・泛讀」了，先以「深讀」為目標吧。我並非完全否定「速讀・泛讀」，懂得「深讀」的人再搭配「速讀・泛讀」，效果會更加倍。實際上，我自己的閱讀習慣也是「深讀」搭配「速讀・泛讀」，經常十五分鐘就讀完一本，一個月讀完二十本以上更是常有的事。

一個完全不懂高爾夫球的人就算練習了上百次，結果也只是加深自己的錯誤打法，完全沒有任何進步。如果一開始先接受專業指導，學會基礎之後，只要再練習個五次左右，絕對可以大幅進步。

閱讀也是一樣，必須先學會「深入閱讀」（深讀）的基本閱讀方法，之後再來追求「量」和「速度」的目標。

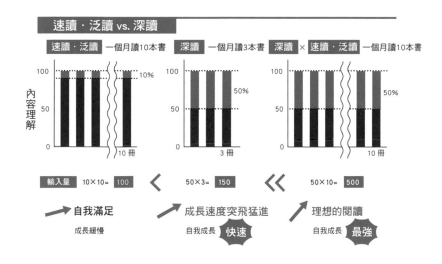

先學會「深讀」！追求速讀和泛讀之後再追求也OK。

04 以寫感想為前提來閱讀
Prepare a Comment

以「能夠向他人說明的程度」來閱讀

　　要求自己讀完書之後寫出感想，可以讓閱讀變得更加深入。也就是說，**寫閱讀感想是訓練「深讀」的最佳方法**。

　　而且，只要以「寫閱讀感想」為前提去閱讀，從書中得到的收穫也會變得更多。這是因為在閱讀時注意的天線會打開，提醒自己必須深入細節部分去閱讀，才有辦法收集情報，之後做出分享。例如「寫感想時可以引用這個部分！」、「這個部分我從這本書中得到的最大的發現！」等。

　　多數人都是以「自己能夠理解的程度」去閱讀。用似懂非懂的心態去讀一本書，結果就只能得到淺薄收穫和瞭解。

　　如果可以用寫感想為前提去閱讀，就可以達到「能夠向他人說明的程度」的閱讀水準。閱讀時可以先想像完成後的感想，以此為前提去尋找書中可作為「說明」和「傳達」的材料。淺薄的閱讀方式是不可能做到「說明」和「傳達」的，因此如果抱著這樣的前提，閱讀自然會變得更深入。

　　「讀」（INPUT）和「寫（感想）」（OUTPUT）是一體兩面。如果只有「讀」，很快就會忘記。只有透過讀完之後寫出來，

以寫感想為前提去閱讀，會改變閱讀方式

以一般方法閱讀

只要自己懂就好

淺薄

以寫感想為前提去閱讀

這裡可以用作引用！

我想跟大家分享這部分的內容！

深入

深讀，留下記憶

才會留下記憶。

「讀」完之後「書寫」出來，才稱為「讀書」。

很多人都會說自己寫不出感想，這就表示他們對書中的內容並沒有達到理解的程度。這也證明了他們的閱讀只停留在淺薄的表面字義。

閱讀感想必須發表在他人可以看到的媒體上，例如社群媒體或部落格等。這會對自己形成壓力，促使正腎上腺素分泌。正腎上腺素是可以提升專注力、提高記憶力的大腦物質。也就是說，因為有責任感和壓力，所以會加速自我成長。

讀書的一體兩面

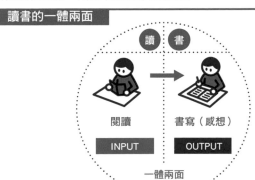

讀　書

閱讀　　　　書寫（感想）

INPUT　　　　OUTPUT

一體兩面

以寫感想為前提的具體閱讀方法

1 看到重點處立刻劃線做記號。

2 在之後想重新閱讀或用作引用的地方貼上標籤。

3 閱讀過程中有任何發現或衍生的想法，全都要寫下來。

4 從書中選出一句「最佳名言」。

5 寫下從書中得到的「最大的發現」。

6 寫下從今天開始就想實踐的「最想做的事」。

7 每讀完一本書，一定要寫出感想，即便只是短文也好。

 抱著寫暑假作業閱讀感想的心態，
仔細地閱讀吧。

05 選書
Choose a Book

提高遇見「全壘打類書籍」的準確率

選書在某種意義上來說，遠比「閱讀方式」要來得更重要。因為即便可以做到深入細節部分的「深讀」，但假使書本身不具備內容，或者內容大多是自己不必要的知識，也無法帶來自我成長。

人的「時間」和「金錢」都是有限的，如果花了三千圓連續兩次買到三振類的書籍，無論對金錢和心理上都會是一大打擊。

如果可以分辨出三振類的書籍，提高遇見全壘打類書籍的準確率，就能在最短的時間內達到飛躍式的成長。因此必須要提高自己的「選書」能力。

首先，選書應該要到書店實際挑選才行。**透過大略瀏覽目次和內容，可以很快地知道該書是否為「自己必要的書」**。在網路上選書由於無法確認細節的部分，很容易買到三振類的書籍。

選書的方法相當深奧，因此我將「絕不失敗的選書技巧」整理成右頁的表格提供各位參考。其中最推薦給閱讀新手的是第4項的「推薦書閱讀術」。

選書的基本方法＝減少三振類書籍的機率，提高全壘打類書籍的準確率

全壘打類書籍	・可以獲得許多發現的書 ・包含許多想知道的知識的書 ・內容豐富扎實的書 ・一本可以加速自我成長的書 ・一本正好可以改變自我人生的書

三振類書籍	・幾乎得不到任何發現的書 ・內容幾乎沒有什麼想知道的知識的書 ・內容極度淺薄的書 ・完全無法促使自我成長的書

新手的閱讀經驗比較少，很難找出對自己真正必要的書。所以，**最好的辦法就是從閱讀名家和專家推薦的全壘打類書籍開始閱讀**。閱讀名家推薦的書都是從好幾十本的閱讀中精心挑選出來的作品。

「全壘打類書籍」和「三振類書籍」沒有一定的標準。對某人來說的「全壘打類書籍」，可能對你來說只是毫無用處的「三振類書籍」。因此各位最好還是要學會挑選「對自己真正有用的全壘打類書籍」的能力。

絕不失敗的選書技巧

參考：拙作《高材生的讀書術》第5章「過目不忘」的精神科醫生選書技巧的重點

1 全壘打式閱讀術 尋找可以帶來徹底成長的全壘打類書籍 問自己「這本書可以改變自己的人生嗎？」。如果完全不是，它就不太可能是你優先選擇書。必須抱著「我要找到全壘打類書籍」的心態去尋找，才有可能遇見想要的書。	**6 專業書閱讀術** 專業書就要到大型書店去找 在像是「淳久堂」這類型網羅各類書籍的書店，更有機會可以遇見「對自己真正必要的書」，尤其是專業書。
2 守破離閱讀術 閱讀適合自己當下程度的書 初學者閱讀艱深的專業書，或是擁有專業的人閱讀無趣的入門書。這些幾乎都是沒有意義的行為。然而，一般來說愈是初學者，會愈想挑選專業的書來讀，結果連讀完一本書都辦不到。	**7 網路書店閱讀術** 參考網路書店的推薦功能及讀者評論 亞馬遜網路書店的推薦功能據說擁有世界最高水準的AI技術，精準度相當高，非常有機會可以找到自己真正需要的「推薦書」。
3 入門閱讀術 先從「入門書」開始閱讀 閱讀入門書可以掌握該領域的完整樣貌，之後從第二本開始閱讀的速度就會變快，深度也會更加深入。	**8 邂逅式閱讀術** 重視偶爾邂逅的書 這是適合擁有閱讀習慣的人的選書技巧。所謂偶爾，其實並不存在。每一本書的相遇，都代表著某種意義。因此偶爾邂逅的書，說不定就是引導你走出「舒適圈」的契機。
4 推薦書閱讀術 閱讀推薦書 閱讀名家推薦的書都是從好幾十本的閱讀中精心挑選出來的作品。比起自己選書，遇見全壘打類書籍的機率更高。	**9 直覺性閱讀術** 相信並跟隨自己的直覺 這也是適合擁有閱讀習慣的人的選書技巧。這類型的人大可減少思考、憑「直覺」去選書。閱讀量尚淺的人由於「經驗值」太低，憑直覺選書大多會失敗。
5 自我中心閱讀術 不倚賴暢銷書和排行榜 問自己「那本書對自己有幫助嗎？」。很多時候對他人有益的書，其實對自己毫無幫助。這樣的暢銷書，真的是你需要的嗎？	**10 連串式閱讀術** 從一本書擴展到多本書 這種方法是寫畢業論文或學術論文、科學性文章的人必須具備的能力。針對一個領域進行深入鑽研的時候，都必須運用這種閱讀方法。

 **請尊敬的主管或朋友
介紹自己一本「推薦書」。**

06 以中立的態度閱讀
Read without Bias

閱讀的關鍵在於抱著「開放的心態」，沒有先入為主的想法

面對任何情報，最重要的是以中立的態度去做輸入。換言之就是不要戴著有色眼鏡，否則只會得到偏頗的情報。

「以中立的態度去做輸入」的相反就是「抱著先入為主的想法去做輸入」。

「中立」換個說法也可以是「開放的心態」。總之就是摒除先入為主的想法，用沒有堅持、完全空白的心態，不吹毛求疵地去輸入情報。透過這樣，才能得到自己真正需要的情報。

很多人之所以做不到這一點，都是因為「確認偏誤」（confirmation bias）。也就是在進行假設或信念的驗證時，只收集支持性的情報，無視於提供反證的情報，或是刻意不收集。在心理學上將這種行為稱為「確認偏誤」。

老人家之所以會被假裝是家人需要急救的詐騙電話所騙，也是因為「確認偏誤」所造成。因為他們認為「自己絕對不會上當」，所以才會對電話中透露出「異狀」的細微線索選擇無視。

閱讀之前先把腦袋變成白紙的狀態

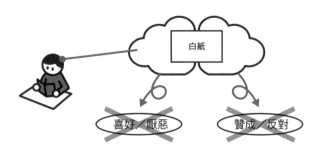

白紙

喜好／厭惡　　　贊成／反對

　　舉例來說，假設閱讀一本有關「基本收入」的書，如果是抱著「採取基本收入的制度會造成愈來愈多人怠於工作」的反對立場去讀，過程中就只會看見「基本收入」的缺點。偏頗的輸入最後只會帶來錯誤的判斷和想法。

　　在開始閱讀之前，應該將自己的意見和判斷變成一張白紙，以完全空白的心態去閱讀。判斷就留待讀完之後再進行就行了。

先入為主的想法會阻礙中立的思考

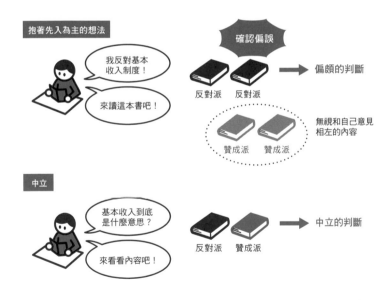

抱著先入為主的想法

我反對基本收入制度！

來讀這本書吧！

確認偏誤

反對派　反對派　→　偏頗的判斷

贊成派　贊成派　無視和自己意見相左的內容

中立

基本收入到底是什麼意思？

來看看內容吧！

反對派　贊成派　→　中立的判斷

刻意選擇和自己主張相反的書來閱讀吧。

07 全方位閱讀
Read from Various Perspectives

情報角度不偏頗的「三點閱讀法」

輸入時一旦抱著先入為主的想法或偏見,就很容易會因為「確認偏誤」而無意識間產生偏頗。這是很可怕的一件事,因為自己不會發現。為了避免這種情況,全方位的閱讀、全方位的輸入是必須的。

關於全方位的輸入法,我個人推薦的是「三點閱讀法」。舉例來說,假設想瞭解「減醣瘦身」,最好挑選「贊成減醣」、「反對減醣」、「從中立的角度分析」等三個不同角度的書籍來讀。

透過這麼做,不但可以瞭解減醣的優缺點,整理得簡潔明瞭的情報,也能減少角度偏頗的情況發生。

假使沒有時間讀完三本書,「兩點閱讀法」也可以,也就是從「贊成」和「反對」各挑選一本書來讀。雖然只看到正反兩個角度,但已經可以明確瞭解問題的優缺點、好處和壞處,做出更正確的判斷。

三點閱讀法

中心點

用尋找三角形中心點的方式來閱讀

中立

贊成

反對

哪一個才是對的呢?

不僅是閱讀，遇到需要做出重要判斷和決定的時候，請各位務必都一定要運用「三點輸入法」。舉例來說，如果「想辭掉工作自己創業」，和家人討論百分之百一定會招來反對。這樣的結果想必會讓你感到沮喪，認為自己果然無法自行創業。

只不過，沒有創業經驗的家人，他們的意見再怎麼說都只是偏頗的想法，所以這個時候，你應該也去聽聽「創業成功的人」和「創業失敗的人」的意見才對。只有這麼做，才有辦法明確瞭解創業的優缺點。

輸入情報必須保持中立的態度。除了要從三個不同的情報角度去做輸入，別忘了還要保持中立，不能有任何偏頗。

三點輸入法

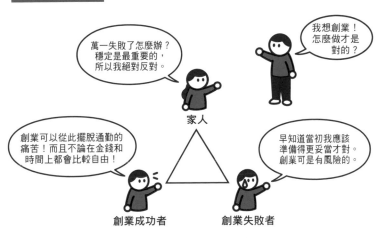

萬一失敗了怎麼辦？
穩定是最重要的，
所以我絕對反對。

我想創業！
怎麼做才是
對的？

家人

創業可以從此擺脫通勤的
痛苦！而且不論在金錢和
時間上都會比較自由！

早知道當初我應該
準備得更妥當才對。
創業可是有風險的。

創業成功者　　　　創業失敗者

徵詢三個不同立場的意見

收集情報的時候要隨時謹記
好處和壞處兩方面缺一不可。

08 有效率地閱讀
Read Efficiently

先透過「快速瀏覽」掌握全書大概

各位是否有過這種經驗呢？買了書之後迫不及待地從第一頁開始讀，可是才讀到第二章就筋疲力盡，沒辦法讀到最後。

或者有的情況是慢慢仔細地讀，讀了一個月還沒讀完，早就忘了一開始的內容。

很多人可能都以為閱讀「理所當然就是從第一頁讀到最後一頁」。「小說」倒還可以這麼做，但如果是商管或實用類的書，這就是非常沒有效率的閱讀方法。

當我拿到一本新書，第一件事都是先看目次，從中挑選自己想知道、有興趣的章節來讀。

或者有時候我會從第一頁開始快速翻閱，只挑選重點部分來讀。這麼做只要花大概十到十五分鐘，就能掌握整本書的「概略內容」，以及「自己最想瞭解的部分」。我將這種方法稱為「快速瀏覽」。

「快速瀏覽」完整本書之後，接下來我會再回到第一頁開始仔細閱讀。由於已經掌握了整本書的架構和內容，因此這個時候的閱

書的架構

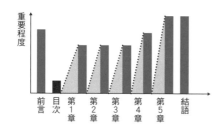

重要程度

前言　目次　第1章　第2章　第3章　第4章　第5章　結語

· 每一本書的重點通常都放在「各章的最後」、「前言」和「結語」的部分。

· 每一本書的後半段通常包含該書的重點＝結論。

· 只要快速瀏覽這些重點部分，就能掌握全書九成的內容。

讀相對會變得更深入，而且閱讀速度還能提升兩倍之多。簡單來說就像透過「快速瀏覽」，使閱讀的深度和速度都達到兩倍的效果。

養成「快速瀏覽」的習慣之後，就連書買來之後讀不完的情況也會獲得改善。

先掌握全書的架構，接著再細讀每個部分的內容。像這樣從「整體」到「部分」依序瞭解的作法，比較符合大腦的運作方式，也更容易記住。

快速瀏覽的方法

1 清楚知道自己為什麼要買這本書

我想知道啤酒的
歷史經過

啤酒大全

2 翻閱目次，挑出三個感興趣的章節

目次
・「啤酒」一詞的起源
・啤酒與產業革命的關係
・啤酒在日本的普及

3 快速瀏覽全書，尋找符合①和②的內容

・美索不達米亞
・啤酒花
・巴斯德
・明治時代

4 留意各章最後的「結論」，掌握全書的內容

結論

瞭解書的「架構」，養成從重點部分
開始閱讀的習慣。

09 為了解決問題而閱讀
Read to Solve Problems

關於閱讀不可不知的第三種作用

閱讀的目的是為了「學習」和「自我成長」，但除此之外，閱讀還有另一種「重要的作用」意外地幾乎不為人知。也就是，**閱讀可以解決「問題」和「煩惱」。**

我每個月都會收到好幾百封關於「煩惱」和「問題諮商」的電子郵件。其中有將近50%的問題，答案都已經寫在我的著作中。另外的45%，也可以在其他書裡找到答案。最後剩下5%、無法藉由閱讀找到解決辦法的棘手問題，我也已經透過YouTube影片做了詳細的解答。

也就是說，**這個世上95%以上的煩惱，都可以透過閱讀找到「解決辦法」。**只要照著解決辦法去做，問題就能獲得改善。

舉例來說，假設你正為了和主管處不來而擔心煩惱，這個時候，不妨到大型書店去逛逛。你可以找到好幾十本關於「改善人際關係」的書，大可從中挑選一本最適合自己狀況的來讀。書中會提供許多解決或應對的辦法，你只要選擇其中一個辦法去做就行了。

實際去做了之後，即便你的人際關係不會從原本的「－100」馬上變成「0」，但至少會進步到「－70」或「－50」。這些改善都會讓你變得輕鬆許多。

如果不從書中去尋找解決和應對的辦法，只是放任問題持續存在，三個月後你的人際關係同樣會是「－100」，不，或許會更加惡化，變成「－200」。這股壓力可能讓你罹患憂鬱症，甚至最後再也無法承受而辭去工作也說不定。

總而言之，一旦有「煩惱」或「壓力」，就先從「書」裡去尋找解決和應對的辦法吧。找到解決和應對的辦法之後，接著只要實際去做，心情上一定會獲得不少釋放。

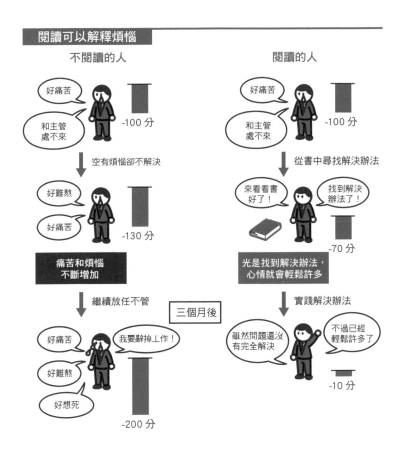

閱讀可以解釋煩惱

不閱讀的人　　　　　　　　　　閱讀的人

好痛苦

和主管處不來　　　-100分

好痛苦

和主管處不來　　　-100分

↓　空有煩惱卻不解決　　　↓　從書中尋找解決辦法

好難熬

好痛苦　　　-130分

來看看書好了！　　找到解決辦法了！

-70分

痛苦和煩惱不斷增加

光是找到解決辦法，心情就會輕鬆許多

↓　繼續放任不管　　　三個月後　　　↓　實踐解決辦法

好痛苦　　我要辭掉工作！

好難熬

好想死

-200分

雖然問題還沒有完全解決　　　不過已經輕鬆許多了

-10分

逛逛書店，找一本能解決自己當下煩惱的書來讀吧。

10 閱讀小說
Read a Novel

「娛樂」帶來的無法計量的好處

曾經有人問我：「讀商管書達到自我成長這我還能理解，但是讀小說有什麼好處嗎？」

閱讀小說除了「快樂」和「娛樂」之外，還有什麼好處嗎？答案是好處說不完。

以下就針對閱讀小說的七大好處為各位解說。

（1）愛上閱讀

我在高中時讀了栗本薫的英雄奇幻小說《豹頭王傳奇》，體會到「閱讀的樂趣」，從此之後開始沉迷於SF、奇幻、恐怖等小說的世界中。大學之後改讀歷史、宗教、美國文化等內容較艱澀的書。

這些閱讀經驗讓我萌生了「自己也想寫書」的念頭，並且在幾十年後如願成為作家。這一切的開端，正是透過「小說」愛上閱讀。

不喜歡閱讀的人，不妨可以先從「小說」入門。

（2）頭腦變好，促使大腦活化

閱讀理解能力會影響智能高低和工作記憶。另外也有研究顯示，讓小孩閱讀可以提升數學成績，有閱讀習慣的年長者比較不容易罹患失智症。藉由閱讀提升理解力，可以變得更聰明，而且可以活化大腦。

（3）培養同感力

研究顯示，「有閱讀小說習慣的人，同感力測驗的分數較高」、「閱讀文學作品之後，同感力會提升」。讀小說會對書中的主角產生移情作用，透過這種作用，可以達到鍛鍊同感力的效果。

（4）提升創造力

　　小說的內容是文字，大腦一定要隨著文字想像情景，才有辦法理解故事。也就是說，讀小說必須運用想像力，是一種**創造能力的訓練**。而創造是AI時代必備的能力之一。

（5）排解壓力

　　研究顯示，閱讀六分鐘可以減輕七成的壓力，比起散步和聽音樂，閱讀帶來的放鬆效果更好。換言之，**閱讀具有高度放鬆和排解壓力的效果**。

（6）可模擬體驗他人的人生

　　透過閱讀小說，可以模擬體驗他人的人生。讀十本小說，等於模擬十種他人的人生。也就是說，**不需要經歷自我人生的失敗，透過閱讀小說，就能從主角的失敗中獲得學習**。

（7）獲得開心，人生變得豐富

　　讀小說是一件很開心的事。幾乎沒有什麼娛樂可以像小說一樣只要花個一千圓左右，就能得到如此大的感動和快樂。小說會讓我們的人生變得更豐富。

閱讀小說的眾多好處

愛上閱讀	提升創造力
活化大腦	排解壓力
培養同感力	獲得模擬體驗
	開心

 別只讀商管書，偶爾也讀讀小說吧。

11 閱讀電子書
Read an E-book

可隨身攜帶多本，買完馬上閱讀

說到閱讀，一定會被問到「紙本書」和「電子書」哪一個好？

關於「紙本書」和「電子書」的優劣，已經有許多人做過研究。結果顯示，姑且不論書種，在**「記憶力」和「理解力」方面，「紙本書」的效果比較好**。

「紙本書」可以在書裡用筆做筆記、劃重點，透過動手進行輸出。除此之外，一般認為「紙本書」還能刺激五感，包括書本拿在手上的觸感、翻閱的聲音、紙張的氣味等，都有助於記憶。

只不過，比起「紙本書」，「電子書」的優點多到數不清。首先，**電子書攜帶方便**。一般「紙本書」光是帶兩本就很重，但如果是「電子書」，隨身帶上一千本都沒有問題。而且「電子書」也不需要收藏空間。

在價格方面，同一本書，「電子書」幾乎都會比「紙本書」便宜好幾成。另外，還有些像是「Kindle Unlimited」之類的公司會提供「看到飽」的服務。對於每個讀好幾十本書的「書蟲」們來說，「電子書」的好處實在太多了。

以「隨時隨地皆可讀」這一點來看，電子書的優勢遠遠勝出，所以除了買「紙本書」以外，「也買電子書版本，一有時間就反覆閱讀」，這種作法是非常高階的讀書方法。喜歡的小說和漫畫，除了「紙本書」以外，也可以購買「電子書」，隨時想看就能馬上拿出來讀。

「可全文檢索」也是「紙本書」絕對做不到的功能。除此之外還有一項秘密功能，只要將Kindle連接到手機，便能開啟「朗讀功能」，搭車或電車等移動中也能透過聆聽來學習。

以我來說，小說和漫畫通常都是閱讀「電子書」，商管書則一律選擇「紙本書」。

　　如果是每個月只讀幾本書的人，無庸置疑地選擇「紙本書」就對了。至於每個月讀好幾十本書，或是就連移動中和空檔時間都會想看書的書蟲，選擇「電子書」會更有幫助。

　　也可以透過「畫線」和「筆記」的功能，用自己的方法輸出，留下記憶，加深對內容的理解。

　　「電子書」和「紙本書」該選擇哪一個？大家不妨依照自己的閱讀習慣來選擇吧。

「紙本書」和「電子書」的比較

	紙本書	電子書籍
記憶效果	容易留下記憶	輸「紙本書」
閱讀效果	容易閱讀	不容易閱讀
專注力	高	容易分心
跳著讀	容易	困難
翻閱特定頁面	可快速翻閱	不容易快速翻閱
在書中做筆記	可直接在書中做筆記，提高閱讀效率	具備筆記功能和畫線功能。一旦熟練就非常方便。
價格	定價	比「紙本書」便宜好幾成
購買後	網購後必須等到宅配送達才能閱讀	購買後可立即閱讀
隨身攜帶	一次幾本	可隨身攜帶上千本
存放	需要空間	不需要空間
朗讀功能	沒有	有（以手機設定）
看到飽服務	沒有	有
適合的人	每個月只讀幾本書的人	每個月讀好幾十本書的書蟲
適合的書種	商管書、一般實用書	小說、漫畫、法令類書籍、指南類書籍、辭典

習慣「紙本書」的人，
不妨也多多嘗試「電子書」吧。

THE POWER OF
INPUT

CHAPTER3
加深學習理解程度
的聆聽方法

LISTEN

12 現場聆聽
Listen in Person

最能刺激感受的「非語言訊息」

透過閱讀來學習非常重要,然而,許多人卻都只滿足於「閱讀」,不再更進一步。有閱讀習慣的人,接下來一定要**更進一步嘗試直接聽別人講話,例如參加講座或演講等,也就是「現場聆聽」**。

我每個月都會舉辦好幾場的講座和演講,其中有很多人都是「有始以來第一次參加(「講座」)」。直接聽別人講話這種透過「現場聆聽來學習」的技巧,懂得運用的人非常少,這實在是很可惜的一件事。

每個來參加我的講座的人,會後都會興奮地說:「今天真的來對了!我實在太感動了!」「我得到和書本完全不一樣的收穫!」

「現場聆聽」的學習效果遠勝於「閱讀」,為什麼呢?

各位現在雖然正在看這本《最高學習法》,但是你知道我在寫書時穿著什麼樣的衣服、表情如何、心裡在想什麼嗎?除非擁有超能力,否則應該不會知道吧。

溝通的兩大分類

語言溝通 (語言訊息)	非語言溝通 (非語言訊息)
【語言訊息】 文字訊息、話語中的意思內容　あ	【視覺訊息】 外貌、表情、視線、姿勢、動作、 手勢、服裝、儀容
	【聽覺訊息】 語調、聲音強弱、聲音大小

　　不過，如果你是來參加我的講座呢？我的穿著、表情甚至是想法，每個人都一清二楚。

　　人類的溝通分為「語言溝通」和「非語言溝通」兩大類。

　　書本屬於「文字排列」，無論作者再怎麼努力，也只能傳達出「語言訊息」。

　　但是，講座和演講可以傳達「語言訊息」和「非語言訊息」，因此情報量十分龐大。這些情報會刺激感受，促使大腦分泌可提高記憶力的多巴胺，進而產生深刻的印象。

　　因此，從來沒有參加過講座或演講的人，不妨鼓起勇氣嘗試一次看看。我每個月都會舉辦好幾場講座和演講，歡迎有興趣的人都可以來參加。相關訊息請見我的電子報。

「現場聆聽」的好處

閱讀

語言訊息　→　（不做輸出的話）很快就忘記

現場聆聽

語言訊息　好棒！　真有趣！　好感動！
＋
非言語情報　→　刺激感受　→　留下記憶

現在就鼓起勇氣
馬上報名感興趣的講座。

13 坐最前排聆聽（有效率的聆聽方式1）
Listen Efficiently 1: Sit in the First Row

「最前排」的學習效果最好

我至今舉辦過數百場的講座和演講，這些擔任講師的經驗讓我知道有所謂的「有效率的聆聽方式」和「沒有效率的聆聽方式」。或者也可以說是「有學習效果的聆聽方式」和「沒有學習效果的聆聽方式」。花同樣的時間聆聽同一場講座，兩者的學習效果會相差十倍以上。

接下來就為各位介紹在同一場講座上得到十倍以上效果的「有效率的聆聽方式」的五大重點。

我每個星期會上兩三次健身房做有氧運動，每次一定都會站在最前排。因為我知道站在最前排會讓人因為緊張感而使得學習效率提升至最高。

聽講座也是一樣，比起坐在後方放鬆心情地聆聽，選擇前方的位置，可以的話最好坐在最前排，學習效率最好。

一般人之所以不選擇最前排，是因為覺得「萬一被問到問題就慘了」、「萬一講師突然把麥克風遞到自己面前發表意見就完蛋了」。很多人都不喜歡坐在最前排，因為會緊張。不過事實上，正因為「緊張」，學習效果才會好。

心理學上有個理論是「適度的緊張可以使學習效率達到最佳」（葉杜二氏法則Yerkes-Dodson Law）。

人在適度的緊張狀態下，大腦會分泌正腎上腺素。正腎上腺素可以提高記憶力、專注力及判斷力，大幅提升大腦的運作效率和學習效率。

換言之，坐在最前排抱著緊張感聽講，可以使大腦在正腎上腺素的作用下獲得最好的學習效果。相反地，坐在後排放鬆聽講的人，只能得到緩慢的學習效果。

各位覺得最前排和最後排，何者可以看清楚講師的臉呢？答案當然是最前排。我在上一節已經說過，之所以聽講的學習效果會好，是因為「可以接收到非語言訊息」。

換個角度來說，如果看不清楚講師的臉，便無法接收到表情等視覺上的非語言訊息。也就是說，坐在後方聽講所接收到的總訊息量會大幅減少。

學習和距離成反比，**距離愈近，得到的學習愈多**。日後各位在參加講座和演講時，最前排或盡量往前坐，才是正確的選擇。

最前排和最後排的差異

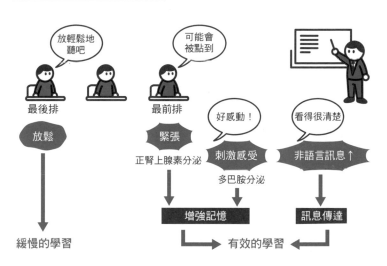

參加講座永遠都比任何人更早到會場
選擇最前排的位置。

14 視線面向前方（有效率的聆聽方式2）
Listen Efficiently 2: Look Straight Ahead

只有真正的重點才低頭做筆記

在一百個聽講者當中，一定會有好幾個只顧著拚命低頭做筆記，彷彿要把講師說的每一句話都記下來的人。各位可能會認為這麼做表示他們聽得很認真、是最好的聽講者，但事實上完全相反。如果試著在演講中問那些拚命做筆記的人問題，會發現他們根本完全不瞭解內容。

想必很多人都以為「筆記做得愈仔細，獲得的學習愈多」。這種說法以國高中的課堂上來說完全正確，因為考試會出一些重視細節的問題。只不過，以聽講座來說卻是完全相反。

聽講座最重要的是得到一些**可以改變自我行動的「發現」**，不需要將所有內容都筆記下來，也沒有必要記住所有內容。

在前述內容中已經提過，聽講座的好處在於可以接收到閱讀無法獲得的「非語言訊息」。換言之反過來說，接收「非語言訊息」，就是聽講座的目的。

視線面向前方的效果

先IN再PUT

看著前方的人

視覺上的非語言訊息
表情、姿勢、手勢、動作、視線

濾盆式地聽

低頭的人

各位請看下圖，低頭拚命做筆記的人看得見講師的臉嗎？絕對看不到。講師透過表情、姿態和手勢傳達了視覺上的訊息，只顧著低頭做筆記的人卻完全沒有接收到這些視覺上的非語言訊息，那麼參加講座就等於毫無意義了。

「視線面向前方的時間」和「低下頭的時間」，換言之就是「看著講師的時間」和「做筆記的時間」的比例，最好是「7比3」或「8比2」。**大部分時間都面向前方，只有遇到真的覺得很重要的「發現」的時候，才低頭做筆記。**

我在《最高學以致用法》當中曾提到，輸入和輸出的黃金比例為「3比7」。但是，在「聽人說話」的時候，也就是「正在輸入的時候」，應該集中注意力在輸入上，因為輸出大可以等到輸入完之後隨時都可以進行。

聽講座時只有在遇到重要的發現時才低頭做筆記

眼睛看著講師的時間	做筆記的時間
輸入：7	輸出：3

比起做筆記，
多注意講師的非語言訊息吧。

15 有目的地聽（有效率的聆聽方式3）
Listen Efficiently 3: Listen with the Purpose

先設定目的再做筆記

　　各位知道有個步驟可以在短短一分鐘內，將自己在講座中得到的發現和自我成長提高好幾倍嗎？

　　以下的表格是我所舉辦的「輸入力培養講座」中會用到的資料。在講座開始之前，我會先請所有參加者填好這張表格。有沒有填這張表格，會使得參加者聽完講座之後的理解程度、發現、自我成長和滿意度產生好幾倍的差異。

　　這是因為透過回答這些問題，可以讓人更明確知道自己參加講座的目的。這個道理和CHAPTER 1「輸入的基本法則」中曾提到的「決定目標」是一樣的。

　　「在今天的講座當中，你最想學到什麼？」

將輸入效率提升至最高的神奇步驟

事前步驟	請在講座正式開始的18點半之前完成填寫	
Q1：你的輸入和輸出比例為何？		**Before**（自我檢視現狀）
輸入 ＿＿＿　　**輸出** ＿＿＿		
Q2：至今為止你對「輸入」有什麼問題嗎？		
....		
Q3：透過今天的講座，你最想學到什麼？		**目的**
....		
Q4：今天學到的東西，你會在何時、如何做運用？		**After**（對未來的想像）
....		

（2019年3月13日「輸入力培養講座」表格）

假設你的答案是「想知道如何在短時間內有效地做到輸入」，當講師提到這部分的內容時，**你的注意天線就會自動開啟，知道「這就是我最想知道的部分！」**。

只要一開始先決定好「今天我只想得到這個收穫」，最後一定可以如願。

如果只是抱著「不自覺地想聽聽看有沒有什麼有幫助的東西」的心情漫無目標地聽講，結果只會「不自覺地」聽過就算了，最後沒有任何收穫。

參加講座時，到了現場之後，距離開始一定還會有時間。各位可以趁這個時候打開筆記本，在第一行寫下「今天聽講座的目的」幾個字，接著在下方以條列式列出三個目的。這個步驟一開始可能要花上幾分鐘的時間，但是習慣之後，只要一分鐘就能完成，非常簡單。

有沒有做這個步驟，對學習效率來說會產生好幾倍的差距。漫無目的聽講的人最後什麼收穫都不會得到，比起這樣的人，多了這個步驟，學習效率可以說有十倍以上的提升。

自己想知道什麼？想學習什麼？想變成什麼樣子？只要設定好目的，也就是抱著目的意識地去聽，學習效率將會以倍數成長。

趁著講座開始之前先寫下「目的」

參加今天研習會的目的	
1	
2	
3	

有目的意識地參與講座，
不可以用「不自覺」的態度。

16 以提問為前提（有效率的聆聽方式 4）
Listen Efficiently 4: Prepare Questions

目標是成為「可以提出適當問題的人」

我在每一場講座的最後，都會留十分鐘的「提問時間」。

當我問大家「接下來各位有什麼問題嗎？」，如果底下一窩蜂地搶著舉手發問，我當然會很高興。如果都沒有人舉手，我也會很落寞，覺得「大家該不會都聽得很無趣吧？真的都有聽懂嗎？」。

很多人或許會以為「沒有問題」就是「懂了」，不過，事實上完全相反。完全沒有在聽、完全不懂的人，才會問不出問題。

蘇格拉底曾說過一句話「我唯一知道的事情就是我一無所知」。也就是說，「以為自己知道」是最愚蠢的想法，「知道自己不知道」才是聰明的。

問得出問題的人和問不出問題的人的差異

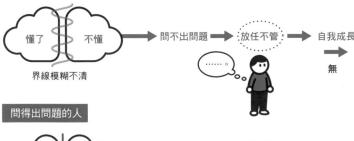

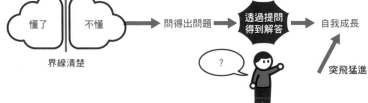

「問得出問題」代表有在聽人說話，知道自己知道什麼、不知道什麼。換言之，除非非常瞭解，否則無法問出適當的問題。

非但如此，「問得出問題的人」有辦法藉由「提問」瞬間解答、排解自己的疑問和模糊不清的部分。也就是說，提問的瞬間，自己也得到了成長。相反地，「問不出問題的人」即便心中有所疑問或模糊不清的部分，也沒有能力解答，只能放任問題繼續存在，永遠都無法得到成長。

所以最重要的還是「以提問為前提去聽」。要事先做好準備，就算隨時被講師點到也能提出三個問題。只要在聽講的過程中，一有「疑問」或「問題」就寫在筆記本的空白處就行了。

寫下疑問和問題這麼一個簡單的動作，就能促使自己打開天線，隨時注意「哪裡是自己不懂的部分」，有助於提高對講座的專注力和注意力，理解程度也會加深。

提問能力可以分出高低

問不出問題的人　　　　　　　　可以馬上問出問題的人

給周遭的印象	・真的有仔細在聽嗎？ ・根本沒在思考吧。 ・根本只是在發呆吧。 ・根本聽不太懂吧？ ・應該沒興趣吧。 ・根本沒有當事者意識吧。	・聆聽的過程中不斷在思考。 ・很專心地在聽。 ・問得出這麼有深度的問題，可見完全聽懂了。 ・聽得很有興趣。 ・腦筋動得真快，真聰明。
評價	評價低	評價非常高

 以提問為前提出席公司的會議，給人的評價會完全改觀。

17 邊聽邊做筆記（有效率的聆聽方式 5）
Listen Efficiently 5: Take Notes

「做筆記」可提高專注力

電視新聞裡出現政治人物的受訪畫面，圍在一旁的記者們個個拚命地低頭做筆記。

這時我總是疑問，在有錄音筆的現代，真的還有必要做筆記嗎？新聞記者們真的會回頭去看那些字跡潦草、寫得亂七八糟的筆記嗎？

後來趁著有一次和某位新聞記者聊天的機會，我直言不諱地問對方：「那些採訪時做的筆記，你後來會再回頭去看嗎？」他是這麼回答我的：「完全不會。做筆記可以提高專注力，讓大腦思緒變得更清楚，所以就算不看筆記也寫得出報導。」

這樣的答案令我十分震驚，原來新聞記者做筆記不是為了「回頭再看」，而是為了「活化大腦」。

我在《最高學以致用法》中提過，透過「寫」可以活化大腦的RAS（Reticular Activating System，網狀激活系統），打開注意的天線，提高專注力。可以說從腦科學的角度來說，即使不回頭去看筆記，也能對內容有充分的瞭解，而且記得很清楚。

到醫院看病也是一樣，「有做筆記的患者」和「沒有筆記的患者」，我認為前者治癒的機會比較高。

每當我向病患說明完藥物的副作用之後，要求對方「現在請就你記得的部分重複一次給我聽」時，「沒有做筆記的患者」總是一臉木然、一句話也說不出來。因為他們完全想不起來。相反地，「有做筆記的患者」多少還能說出幾個重要的副作用。他們並不是看著筆記回答，而是已經記在大腦裡了。

看病時邊做筆記不但可以更專心在醫生說的話，也比較不容易漏聽重要訊息，對內容也更加瞭解。雖然可以再回頭看筆記，但就算不看，大腦也已經全記住了。

附帶一提，以「手寫」和「數位輸入」來說，**「手寫」更能刺激大腦**。

根據針對做筆記的腦科學研究顯示，**「筆記寫太多，記憶力會下降」**。前述內容14「視線面向前方」也有提到在輸入的過程中，輸入和輸出的黃金比例為7比3。換言之，過於專注在做筆記上會破壞黃金比例，最後什麼也記不住，完全是反效果。

頂多只要針對「發現」、「要點」、「重點」部分做筆記就好，才能使專注力提升至最高。

做筆記的功效

打開注意的天線

藥物的效用是……
副作用是……

・提高專注力
・不容易漏聽重點
・對內容更加瞭解

 隨身在口袋放一本筆記本吧。

18 請教朋友
Ask Your Friends

拋開自尊，向「同輩」請教

高中時代數學不好的你，假設有個數學非常厲害的朋友A，你會向對方請教嗎？例如「你都用什麼練習本？」「你都是怎麼準備數學的？」「要怎麼做，數學才會變好？」。我想應該沒有吧。

向學校或補習班的老師請教「可以請你介紹一些不錯的練習本給我嗎？」不是問題，但不知道為什麼，面對朋友就是問不出口。

又譬如在你任職的公司裡，有個和你同期、業績十分亮眼的B，但你就是問不出口「可以請你教我該怎麼做，才能向你一樣業績這麼好嗎」。

面對朋友或公司同期的同事，雖然交情不錯，但事實上大家在心裡都將彼此視為「競爭對手」，因此下意識會認為向對方請教「提升成績的訣竅」或「提升業績的訣竅」等「秘訣」是不對的。

又或者是不想因為問了太簡單的問題，而讓對方覺得「怎麼連這種問題都不知道」。也就是說，你的自尊心讓你拒絕向朋友請教。

因為這種無聊的自尊心，阻礙了自己的成長，實在很可惜。

自己不懂的事，就要請教比自己擁有更多知識和經驗的人，例如「前輩」、「主管」、「老師」、「專家」等。這種「向長輩學習」是一般人的常識。

不過，事實上和你階級程度差不多的「朋友」、「夥伴」、「同事」、「同期進公司人」等，對你而言才是重要的情報來源。因為這些人和你地位相當，自然會和你有同樣的「煩惱」和「問題意識」。和你一樣受同樣的問題所困，試圖尋求解決。因此可以的

話，只要向階級比你稍微高一點的朋友或同事請教，一定可以針對你的問題得到最恰當的答案。

請教朋友或同事這種「向同輩學習」的作法，會得到不同於「向長輩學習」的答案，更符合自己的程度，而且更具體、更實際。

為了達到自我成長，「無聊的自尊」就應該拋在腦後。有些向前輩或主管問不出口的問題，面對朋友或同事卻可以大膽請教。甚至如果可以更進一步建立互相教授的關係，也會彼此刺激自我成長的速度，變得更突飛猛進。

專業、進階式的問題就向長輩學習，基本的、初階的、具體的、實際作法等實踐方面的問題，就向同輩學習。像這樣做好「向長輩學習」和「向同輩學習」的區分，便能達到最大的自我成長。

透過向長輩和同輩的學習加速自我成長

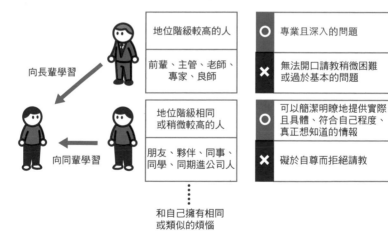

不只要「向對方請教」，
更要建立「互相教授成長」的關係。

19 透過耳朵學習
Learn by Listening

徹底運用空檔時間的學習法

各位多多利用通勤或移動時間來閱讀。我大力推薦各位利用空檔時間來閱讀，我自己也幾乎都是利用移動中的時間來閱讀。

只不過，對於每天在東京都搭乘沙丁魚電車通勤的人來說，或許會覺得「在人擠人的電車上看書根本是不可能的事」。甚至在一些比較擁擠的路線，恐怕連滑手機都很困難。

這種時候，建議大家可以**透過耳朵學習，也就是藉由聽「聲音」來學習**。

【透過耳朵學習的五大優點】
（1）走路時也能聽

我們雖然可以利用通勤搭電車的時間來閱讀，可是沒有辦法邊走路邊看書。但如果是透過耳朵學習，走路的時間也能繼續聽，可以有效地徹底運用空檔時間。就連在健身房運動時也可以聽。

（2）邊開車或邊做事也能聽

由於只需要用到耳朵，就算兩手正在忙也能聽。換言之，也可

「透過耳朵學習」將移動時間變成學習時間

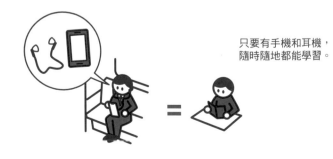

只要有手機和耳機，
隨時隨地都能學習。

以邊聽邊開車或邊做事。

（3）只要有手機和耳機，到哪裡都能聽

閱讀紙本書需要隨身帶著書，但如果是透過耳朵學習，從手機就能輕鬆辦到，所以只要有手機和耳機，隨時隨地都能學習。

（4）適合不習慣閱讀的人

不習慣閱讀的人，可能看一本書要花上一個月的時間。但如果是透過耳朵學習，速度會加倍，兩三個小時就能讀完。利用空檔時間的話，兩三天就能讀完一本書。

（5）免費內容豐富

閱讀需要買書，但透過耳朵學習有許多「免費」且優質的內容選擇。

好用推薦的線上內容

YouTube	全世界最大的影音網站。 透過語音就能達到學習。 也有很多語音專用的內容。
Audiobook （有聲書）	即使不習慣閱讀，也能從書中獲得學習。 包括audiobook.jp、Amazon的Audible等。
Podcast （網路廣播）	由於存在已久，因此內容相當豐富。 包含許多知名人物的商業方面的內容。 可以追蹤熱門帳號達到持續學習。
Himalaya （語音平台）	來自中國的語音平台。 從商業資訊到藝人的搞笑內容都有，相當多元。 很多內容都只有五分鐘左右，可以輕鬆利用空檔時間來聽。
手機APP	提供各種語音APP，例如免費英語會話APP等。

買個品質好的耳機，
將所有移動時間全部用來作為輸入。

CHAPTER3 LISTEN

20 善用有聲書
Listen to an Audio Book

「不喜歡看書的人」和「討厭看字的人」的救星

「看書是最划得來的輸入法，最好每個月看三本書！」不過話雖如此，對某些人來說這卻是不可能的事，因為他們不擅長看滿滿都是字的書。

不擅長看字或閱讀的人，光是看個幾頁就會覺得累，無法再繼續讀下去。讀完一本書可能就得花上一個月的時間，因此到最後就算買了書也看不完，陷入惡性循環當中。

根據文化廳的調查，日本有47.5%的人不看漫畫以外的書，年平均閱讀量為「0本」。也就是說，約有半數的日本人「不喜歡看書」或「不擅長看字」。

閱讀是輸入的第一步，換言之「看書看不下去」的人，就自我成長來說，毫無疑問處於非常不利的狀態。

對於這些「不喜歡看書」、「討厭看字」的人而言，「有聲書」就是他們的救星。

所謂的有聲書，指的是由專業的配音員來朗讀一般在書店販售的商管書和小說等書籍，透過手機APP就能聽。

每一本書的朗讀時間會因為頁數而不同，以我的《最強腦科學時間術》為例，日文版288頁的內容，朗讀時間為五小時五十分鐘。有聲書可以以加倍的速度（或更快的速度）播放，因此即便「速度加倍」，還是可以瞭解內容。也就是說，《最強腦科學時間術》只要約三個小時就能聽完。一般看完紙本書也要花上兩三個小時，等於可以用和閱讀紙本書差不多的時間，吸收完一整本的內容。這是非常了不起的一件事。

以一本兩百頁的商管書來說，以加倍的速度兩個小時就能聽完。假設將通勤時間全部用來聽，一天就能看完（聽完）一本書。這對「不喜歡看書」的人而言可以說是個極大的改變。

或者即便是愛看書的人，如果經常開車，也可以很輕鬆地增加閱讀量，所以很多人都會善用有聲書。

日本大型有聲書有「audiobook.jp」和Amazon的「Audible」兩個。「Audible」由於剛成立不久，提供的書還很少，對於每個月閱讀量兩本以上的人來說，價格也稍嫌昂貴。比起「Audible」，現階段書量較多、幾乎所有的書價格都和紙本書相同的「audiobook.jp」，使用上比較方便。暢銷書和經典商管書等知名度較高的書，比較有可能轉成有聲書。以手機搜尋「有聲書」APP並下載，馬上就能使用。

對平常不看書的人來說，有聲書只要用聽的就好，因此不管是誰都能獲得書中的菁華。希望各位一定要嘗試看看。

運用有聲書增加閱讀量

就連不擅長閱讀、
看一本書要一個月的人

一本200頁的書，以加倍的速度來聽，
只要兩個小時就能讀完（聽完）。

將搭電車通勤或開車的時間等，
全部用來作為「透過耳朵閱讀」的時間。

21 聽另一半說話
Listen to Your Partner

夫妻感情融洽的秘訣：每天三十分鐘的「同感」

根據某一項調查顯示，針對「夫妻感情融洽最重要的是什麼？」的問題，最多人回答的是「經常聊天」，有69.6%。換言之，有七成的夫妻認為經常聊天可以增進夫妻之間的感情。

在心理學上也認為夫妻感情融洽最大的秘訣，就是彼此經常聊天，尤其更重要的是「先生要多聽太太說話」。

即便只是晚餐短短三十分鐘的時間也好，只要做先生的好好聽太太說話，夫妻感情就能融洽，一家幸福快樂。但是，如果太太才準備開口說話，先生就以「今天工作好累」為由拒絕傾聽，太太當然會心情不好。

男性或許會認為「家事或教養之類的問題，就算跟我說也解決不了，聽了也沒用」。這是因為對男性來說，討論最後一定要有結果或建言。

然而，事實上女性根本完全沒有「想解決問題」的打算。她們只是想傾吐，希望先生瞭解自己的辛苦和困擾罷了。所以，只要讓太太花三十分鐘把今天發生的不開心的事說出來，讓她確實感覺到先生的感同身受，心裡的不滿就會頓時消失。雖然實際上什麼都沒有改變，但只要「感受被對方瞭解」，心情就會變好、鬱悶一掃而空。

比起男性，女性說話通常比較囉嗦，會讓人忍不住想問「所以妳到底想說什麼？」。不過這句話絕對不能說出口，因為雖然男性希望的是「對方說清楚」，但女性希望的卻是「對方要能自己解讀我真正的心意」。

由此可知，男性和女性在面對「討論」和「聊天」時，所追求

的完全截然不同，想法也不一樣。**夫妻感情是否融洽，就決定於是否瞭解這種男女之間在心理層面上的差異。**

　　因此，先生應該做的是傾聽太太的抱怨，表現出附和、感同身受的態度，而不是急著做出結論或建議。如果做到這一點，太太的心情就會變好、夫妻感情變融洽，當然沒有不做的理由。

　　男性講求建議，女性追求同感。瞭解這一點並且去實踐，男女關係就能突飛猛進。

　　當然，這個方法不僅限於夫妻關係，就連男女朋友或是在職場上和異性同事聊天，都能直接套用。

夫妻之間在想法上的差異

	先生	太太
討論	講求建議	希望對方能夠感同身受
聊天	希望對方說清楚	希望對方能夠瞭解自己真正的心意
道歉	說明原因	發洩情緒
感受幸福的方式	因為「確實感覺到被需要」而幸福	因為「確實感覺到被愛」而幸福
對家庭的追求	歸屬和住起來的感覺	安心和安定
疲累的時候	希望對方安靜	希望得到關心
煩惱、不安	希望受到對方的信任	希望對方表現出關心
金錢	希望擁有金錢上的自由	希望花錢有計畫
家事	希望對方主動教	希望對方自己想該怎麼做
育兒	希望偶爾參與	希望偶爾可以放下育兒的工作

參考資料：《為何丈夫什麼都不做？為何妻子動不動就生氣？》（なぜ夫は何もしないのか　なぜ妻は理由もなく怒るのか／高草木陽光）

 表現出樂在聊天的態度，
不要急著做出結論和建議。

CHAPTER3 LISTEN

22 傾聽
Listen Actively

更進一步理解對方，表現同感

「用感同身受的態度聽對方說話」，用說的很簡單，實際上卻非常困難。因為這是一種心理諮商師「聽」的技巧，又稱為「傾聽」技巧。

針對心理諮商師和精神科醫師所使用的「傾聽」技巧，真要詳細地說可以寫成一本書，在這裡我就擷取重要部分向大家說明。無論在職場上或生活中，一定會經常遇到「聽他人述說困擾」的情況。這種時候，如果懂得傾聽的技巧，絕對可以成為一個相當「善於傾聽」的人。

在日本311大地震發生之後，隨處可見許多提供傾聽的志工。在後續的追蹤調查中發現，接受傾聽志工服務的受災戶，PTSD（創傷後壓力症候群）的發生率相對較低。也就是說，只要透過基本的傾聽技巧，就能達到療癒對方的效果。

（1）何謂傾聽？

傾聽是一種深入理解對方、體諒對方的心情、表示感同身受的聆聽方法。透過傾聽，可以得到對方的完全信任，建立良好的人際關係。

因此，「尊重對方、以對方為中心去傾聽」、「傾聽對方的內心」的態度便十分重要。

（2）專注地聽

所謂傾聽，就如同字面意思必須傾心、專心地去聆聽對方。

不是問「自己想問的問題」，而是專心聆聽「對方想說的話、想告訴你的事」。

換句話說就是「不要多嘴」。在對方說話的時候插嘴、否定對

方說的話、擅自做出結論、急著給予建議或應對方法等,都是不對的。

(3)表現肯定的態度

傾聽的目的之一,是為了滿足對方的「自我重要感」。藉由得到他人的肯定和認同,可以滿足自己的「肯定需求」,連帶地也滿足了自我重要感。

所以,必須以認真的態度聽對方說話。如此才會讓對方覺得「他這麼認真地聽我說話,讓我感覺自己受到肯定」,自我重要感獲得滿足。

具體的傾聽技巧

1 眼神接觸

眼睛確實看著對方。適度地和對方眼神相對。透過視線可以讓對方知道「我正看著你」、「我在關心你」。傾聽時最好不要做筆記或任何記錄(結束之後再一口氣寫下來)。

2 點頭附和

聽對方說話的時候,在適當的時機點頭附和,可以調整對方說話的節奏,讓對方更容易表達。也會讓人覺得「對方對我說的話很感興趣」。透過點頭的快慢節奏,例如用力點頭或輕輕地點頭,效果會更好。

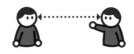

3 重複對方的話

有一種技巧是直接用對方說的話回覆對方。這種方法可以使對方接受自己說的話,並更進一步深入思考、獲得發現。

我有人際關係上的困擾

你有人際關係上的困擾

當個「擅長傾聽」、
會讓人想傾吐心事的人。

23 表現同感
Sympathize

揣摩對方的心情，無條件接受對方

上一節針對了心理諮商的基本技巧——「傾聽」做了說明，接著在這一節要進一步針對「同感」和「接納」等在心理諮商時不可或缺的重點做說明。

（1）同感

在心理諮商當中，假設要舉一個最重要的重點，應該就是「表現同感」了。只不過，一般人所謂的「同感」，和心理學上的「同感」是不一樣的。

「我懂你的痛苦」，這並不是同感。因為主詞是「我」。我在下頁中列出來同情和同感的差異，所謂同情，是以自己為中心，根據自己的經驗和價值觀、記憶為基礎，去理解對方的心情。

不過，**同感指的是以「對方」為中心，去揣摩對方的心情並表現理解。**

「『我』懂你的痛苦」，這是同情。「『你』現在很痛苦吧」，這才是同感。

另外，**同感是「互相的」，在你瞭解對方的同時，對方也要感覺「被瞭解」才行。**「彼此擁有共同的感覺」才叫作同感。

一旦做到同感的傾聽，對方也會加深對你的信任，使你能夠以更深入的同感傾聽對方。

至於同情的傾聽，很多時候都會因為加入自己的想法和判斷，或是被對方的情緒牽著走，導致傾聽無法順利進行。如果懂得同情和同感之間的差異，改用同感的方式去傾聽，你的傾聽技巧一定會變得非常厲害。

（2）接納

接納是進行心理諮商時最基本的態度，指的是**無條件接受對方的情緒和言語**。原原本本地接受對方，不做否定也不做批評，使對方藉由「被接受」、「獲得接納」，得到治癒的效果。

和接納完全相反的行為有包括「打斷對方說話」、「發表自己的判斷和意見」、「提供建議或建言」等。只要注意別做出這些行為，傾聽的技巧就會變好。

在心理諮商當中，必須將「自己的感覺和想法」拋在一邊，以對方的感覺和想法為中心去表現同感和接納的態度，這才是最重要的。

同情與同感的差異

	同情	同感
主詞	自己 以自己為主	對方 以對方為主
基礎	從自己和 自己的經驗、 記憶去理解對方	從對方為出發點 去理解他的心情
視線	由上而下	視線平等
關係	上下關係	對等的關係
方向	單方面 被動	互相 主動
感覺	批評、判斷 可憐、憐憫 流於情感 容易失去控制	接受對方原原本本的一切 不做批評和判斷 尊重對方 冷靜 可以掌控
主觀或客觀	同理、單方面地投入自己的感受	客觀
根據	自己的經驗、價值觀、 記憶	想像力

用心理諮商師的心情做出
「不帶否定」的傾聽。

24 放輕鬆地聽
Relax and Listen

「避開」而不是「接住」

經常有人會問我:「當精神科醫師每天要不斷地傾聽患者的負面情緒,難道不會受到對方的壓力影響而變得怪怪的嗎?」

以結論來說,並不會。因為有個技巧可以讓我們「放輕鬆地聽」。

上班族也是一樣,有時候也會受到對方的負面能量和壓力的影響吧,例如面對客戶的抱怨和電話等。如果每天持續不斷發生,恐怕會造成心理方面的疾病。

為了避免這種情況發生,聽對方說話時要像門簾一樣,用輕鬆

門簾法則

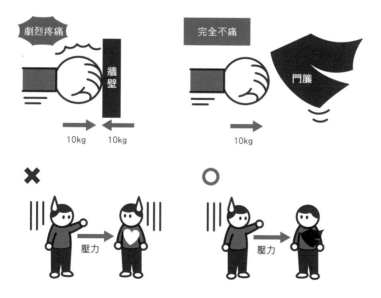

的態度去聽。我將這種方法稱為「門簾法則」。簡單來說就是**像門簾一樣「避開壓力」，而不是「接住壓力」。**

請各位試著握緊拳頭，以十公斤的力氣用力搥打在水泥牆上。應該會感到劇烈疼痛才對。以十公斤的力氣打在牆上，牆壁也會以十公斤的力道反彈回來。這就是國中物理所說的「作用力和反作用力的原理」。在傾聽時，多數人都會直接接住對方丟過來的十公斤的壓力，於是這十公斤的壓力自然會直接壓在自己身上。

那麼，接下來請各位握緊拳頭，以十公斤的力氣搥打門簾。肯定完全不會痛。就算用二十公斤、三十公斤，甚至是用盡全力去打，也完全不會痛。門簾只會輕飄飄地飛舞在空中。這就是所謂的「門簾法則」。

各位可以想像自己就像門簾一樣，用稍微放鬆的心情，溫和、柔軟地去傾聽對方。這種溫柔的氛圍也會以非語言訊息的方式傳達給對方，藉此不只自己不會被對方的壓力所影響，**對方也會感受到被溫柔療癒的感覺。**

像門簾一樣的傾聽技巧

- 傾聽之前先想像「我的內心就像門簾一樣」。
- 用溫和、柔軟的態度去傾聽。
- 以微笑、像彌勒菩薩一樣的柔和表情去傾聽。
- 用輕鬆的態度傾聽，將輕鬆的心情傳染給對方。
- 保持中立的情緒，不過度投入對方所說的話當中。
- 認真而不過度嚴肅。
- 輕輕地避開對方的憤怒、焦躁、不安等負面情緒。

 養成習慣只要在聊天中感受到對方的壓力，就想像自己變成像門簾一樣。

CHAPTER3 LISTEN

25 聽英文
Listen to English

透過「一體兩面的方法」提升聽力

說到「聽力」，一般人大多會想到英語或其他外語的聽力。許多大學入學測驗也都會考「聽力」，就連多益的「聽力」測驗分數比重也佔了一半。由此可知，對學英文的人來說，聽力可以說是必備的能力。

不過，有些人一開始其實完全聽不懂英語會話。說英文可以依照自己的節奏邊想邊說，但是聽力得跟上對方說話的速度，無法自行控制。這是聽力困難的原因之一。

我在2004年遠赴美國芝加哥留學。在那之前，我花了一整年的時間，每天練習英文兩三個小時。然而，我的英文聽力遲遲無法進步，直到透過某個方法之後，才開始變得突飛猛進。那個方法就是「跟讀」（shadowing）。

跟讀的一體兩面

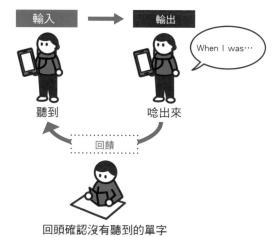

輸入和輸出幾乎同時進行

輸入 → 輸出

When I was…

聽到　　唸出來

回饋

回頭確認沒有聽到的單字

　　所謂跟讀，意思是**聽著不斷播放的英文，隨著聽到的聲音唸出來**。聽到什麼聲音就唸什麼，就像「影子」一直跟著人一樣。也就是輸入（聽）之後馬上輸出（說）的意思。本書一再強調「輸入與輸出是一體兩面」，而這個方法就可以說是其中的一種技巧。

　　這個方法的重點在於，由於沒聽到的部分就唸不出來，但如果只是靜靜地聽，不會知道自己是否真的有聽到。不過，透過跟讀，就能百分之百地知道自己哪個單字有聽到、哪個單字沒有聽到。

　　沒有聽到的單字，一定要回頭去確認講義，找出自己之所以沒有聽到的原因。原因可能有很多，包括「沒聽過的單字」、「沒有聽到音和音之間的連音」等。沒聽過的單字就算一直聽也不會聽懂，必須確實進行「回饋」的階段，也就是回頭對照講義，才會進步。

　　跟讀是屬於比較進階級的練習法，如果沒聽到的部分太多，最好回頭再從「複誦」或「重複」開始練習。

聽力練習法

適合初學者 ↕ 適合進階者	重複	邊聽聲音邊看著講義唸出來
	複誦	聽著聲音複誦（一句一句）
	跟讀	聽著聲音複誦（一句一句）
	聽寫	聽著聲音，將聽到的一字一句寫下來

 學英文也要實踐輸入／輸出的實踐法。

26 聽音樂 1
Listen to Music 1

與其邊聽音樂「邊念書」，不如在「念書前」聽

　　「念書的時候聽音樂，念書會有效果嗎？」以結論來說，許多研究都指出「邊念書邊聽音樂，效果會明顯變差」。

　　根據英國格拉斯哥加里多尼大學（Glasgow Caledonian University）的研究，在「快節奏的曲子」、「慢節奏的曲子」、「環境聲音」、「無聲」等四個不同的條件設定之下，針對記憶力、注意力等認知功能進行調查，結果發現比起「無聲」狀態，有音樂或雜音的組別在所有調查中，得分都較低。尤其「快節奏的曲子」的負面影響最大，比起「無聲」狀態，記憶力測驗的得分減少了約50%。

　　由這項研究可以知道，工作時比起安靜無聲的環境，有聲音的環境會導致工作效率變差。這種狀態稱為「不相關聲音效應」（Irrelevant Sound Effect）。人類的大腦可以「一心多用」，同時做兩件事。也就是說，「念書」和「聽音樂」同時進行時，大腦會交換進行處理。這對大腦來說會造成極大的負擔，所以以結果來說，

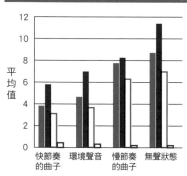

背景音樂對大腦認知功能的影響

■ 記憶即時產生
■ 記憶自由產生
□ 記憶延遲產生
□ 叫色測驗

（stroop test，針對大腦執行功能和選擇性注意力的測驗。測驗結果愈低，分數愈高）

這是英國格拉斯哥加里多尼大學所進行的一項研究，以 40 名受驗者為對象，在「節奏快的曲子」、「節奏慢的曲子」、「環境聲音」、「無聲」等四種不同的條件下，針對記憶力和判斷力等進行四項認知功能的測試。
【結果】比起「無聲」，有音樂或雜音的組別，四項針對認知功能的測試結果全部變差。尤其「節奏快的曲子」比起「無聲」，在記憶力測驗的得分少了約 50%。

（Cassidy, 2017）

念書的效果會明顯變差。

由於記憶和閱讀理解運用的是「左腦」（主掌語言），有歌詞的曲子同樣也是使用到「左腦」，因此尤其不推薦念書的時候聽。

但是雖說如此，念書時聽喜歡的音樂會讓人感覺效率變得更好，這又是為什麼呢？根據加拿大麥基爾大學（McGill University）的研究，聽喜歡的音樂而感到心情放鬆的時候，大腦會分泌多巴胺。雖然多巴胺分泌會使人「開心」，但是否真的可以提高念書的效率，答案就另當別論了。

根據日本東北大學的研究，分別在聽完快節奏和慢節奏的曲子之後進行短期記憶測驗，結果發現，聽快節奏的曲子會刺激大腦的左側額下回（主要掌控短期記憶的部位）活動，具有提升短期記憶的作用。

換言之，在工作或念書之前，先聽快節奏的曲子或自己喜歡的曲子提高幹勁，在腦科學來說具有正面的效果。

綜合以上內容，開始念書之前的十至十五分鐘先聽自己喜歡或節奏快的曲子，就能達到運用音樂來提高念書效率的作用。一旦開始念書就必須停止音樂，在安靜無聲的狀態下念書。休息時再聽音樂轉換心情。以這種方式聰明地運用音樂的效果，就能大幅提升念書的效率。

聽音樂要在念書前！

| 念書前 | 開始念書之前的十至十五分鐘，聽些喜歡或快節奏的曲子 | → | 短期記憶↑
多巴胺↑ |

| 念書中 | 停止音樂，在安靜無聲的狀態下念書 | → | 專注力↑ |

就像每個職業拳擊手都有專屬的出場音樂一樣，各位也可以根據「念書的主題」，決定聽什麼音樂。

27 聽大自然聲音
Listen to Natural Sounds

「些許雜音」有助於提高工作效率

雖然有研究指出「無聲」的學習效率最好，但或許有些人就是「太安靜反而無法集中注意力」也說不定。

在老鼠實驗當中，在完全無聲的狀態下，老鼠完全無法記住任何東西。反而是讓老鼠聽一些白噪音（如電視雜訊的聲音），學習效率明顯變高。

那麼，人類的情況又是怎樣呢？

根據瑞典斯德哥爾摩大學（Stockholm University）的研究，讓平時專注力不足的學生聽白噪音，對學習效果具有加分的作用。但是相反地，讓專注力高的孩子聽白噪音，反而會造成學習效果變差。

也就是說，是**「安靜的環境」有助於學習效果，還是「些許雜音」效果比較好**，答案其實因人而異。我自己是個需要完全「無聲」的人，但也有人是「雜音派」的。

「比起安靜的家裡，在咖啡店的工作效率反而比較好」的人，就是屬於雜音派。雖說是雜音，但如果太吵也會有反效果，因此「安靜的咖啡店」之類的場所會比較適合。

「雜音派」的人，也有人是習慣聽著小聲的大自然聲音，例如

你是屬於哪一派的人呢？

...... 。

無聲派

平時專注力高的人 ➡️ 在安靜的環境下學習效果比較好

雜音派

平時專注力低的人 ➡️ 有些許雜音反而學習效果比較好（善用咖啡店或大自然的聲音）

海浪聲、風聲、鳥鳴等，一面念書或工作。只要在YouTube上搜尋「大自然聲音」或「環境聲音」，就能找到自己喜歡的聲音。

大自然的聲音會增加α波，具有放鬆的作用，所以休息時也可以聽聽大自然的聲音來轉換心情。

很多人也會問，在YouTube等網站上非常盛行的「提升專注力的聲音」，真的有效嗎？答案是，對「雜音派」的人來說具有一定的效果，但是對「無聲派」的人而言，說不定會產生反效果。

我在咖啡店的時候，如果遇到一旁有說話太大聲的客人，就會拿出手機來聽「提升專注力的聲音」。「人的聲音」屬於「語言訊息」，會使得專注力和工作效率明顯降低。要想蓋過人的聲音，可以運用「大自然聲音」或「提升專注力的聲音」。

在咖啡店工作，我一定會準備BOSE的消噪耳機。消噪耳機可以隔絕雜音，只要戴上，就算一旁的客人大聲聊天，也幾乎不會受到干擾。就算是在擠滿人的電車上，也可以擁有極度安靜的環境。對於在吵雜的環境中提升專注力進行輸入而言，是個非常有用的工具。

大自然聲音的效果

1	比起無聲的環境，「雜音派」的人聽了工作效率才會好	專注力↑、工作效率↑
2	在咖啡店聽，可以蓋過「人的聲音」	專注力↑、工作效率↑
3	讓小學生聽鳥叫聲，具有提高專注力的作用	專注力↑
4	根據閃爍雜訊的內容，具有提升α波的作用	放鬆效果
5	使得身體轉換為副交感神經佔優勢	放鬆效果
6	睡前聽可以幫助入睡	催眠效果
7	海浪聲和胎兒在子宮內聽到的聲音類似	安心效果
8	超過人類聽力範圍的高頻率聲音具有療癒的作用	放鬆效果、療癒作用

 找一個自己可以放輕鬆的工作環境。

28 聽音樂 2
Listen to Music 2

「作業」和「運動」時聽音樂效果最好

念書時聽音樂會使得學習效率變差。不過,很多人應該都會覺得聽音樂對工作效率會比較有幫助。

有一項研究分析了約兩百篇關於工作和聽音樂的論文,發現主張「聽音樂有助於工作效率」的論文,和主張「聽音樂會影響工作」的論文,兩者的數量幾乎相同。

以結論來說,根據工作和做事的內容不同,結果會產生很大的差異。進一步從細節部分來看,聽音樂對記憶力、閱讀(讀解能力)都會產生負面影響。不過對於作業速度、運動、心情來說,很多時候都具有加分的作用。

自動化生產線等運用手指的簡單作業,邊聽音樂邊做可以提升效率。實際上就真的有公司在生產線運作時播放音樂,藉此提升員工的工作效率。

醫界也有很多外科醫師認為「手術時聽著自己喜歡的音樂,比較能集中注意力」,因此在手術房裡,幾乎都會播放執刀醫師喜歡的音樂。這是因為手術是一種「作業」。

對於順序和步驟固定的作業,或是不太需要動腦的簡單作業,音樂具有加分的作用。

另外,很多運動員也會在練習當中或比賽前聽音樂。音樂對於運動的效果又是如何呢?

英國布魯內爾大學(Brunel University)的研究指出,給長跑選手聽「皇后合唱團」或是「瑪丹娜」的歌曲,跑步距離可以增加18%,時間也會縮短。此外,根據英國雪菲爾哈倫大學(Sheffield Hallam University)的研究,同一項運動,邊聽音樂邊做,比沒有背景音樂,耗氧量減少了7%。可見音樂對運動來說具有相當好的效果。

有研究報告指出，音樂會引發人的同時間反應，聲音節奏也會引發運動節奏。聽快節奏的音樂，跑起步來速度比較快。選擇適合自己運動節奏的音樂，可以讓聽音樂做運動的效果發揮至最大。

不僅如此，聽自己喜歡的音樂也會促使大腦分泌多巴胺，對痛苦和辛苦的感受帶來緩和的作用。做伏地挺身和深蹲等痛苦的肌肉訓練的時候，如果可以聰明地利用音樂的效果，訓練會變得更輕鬆。

音樂對於「作業」和「運動」來說具有加分的作用，對「念書」和「記憶」會帶來負面的影響。希望各位都能瞭解這個特性，聰明地善用音樂。

音樂的效果

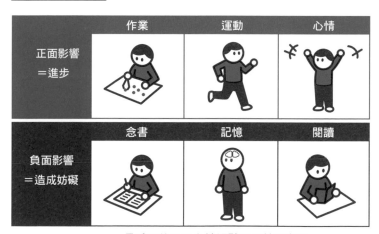

最重要的是配合情況聰明地善用音樂

從事作業簡單的工作時，
不妨聽些節奏輕快的曲子來加快作業速度。

CHAPTER3 LISTEN

29 聽音樂 3
Listen to Music 3

藉由適當的曲子控制情緒

聽到我說「念書聽音樂會有反效果」，想必很多人都會感到沮喪吧。不過事實上，善用音樂也可以放鬆心情，或是提振精神，甚至是找到勇氣的效果。

音樂對於「作業」和「運動」具有正面影響，另一個大家都知道的則是對「心情」帶來的效果。

聽莫札特和巴哈等古典音樂，可以讓副交感神經處於優勢，降低心跳數，增加大腦的 α 波，提升血清素濃度。換言之就是處於放鬆的狀態。此外，乙醯膽鹼（Acetylcholine）的分泌也會增加，可增強記憶力和創造力。

另一方面，聽重搖滾音樂等節奏激烈的曲子會導致交感神經處於優勢，提高心跳數。也就是說會讓人感到興奮。

音樂的大小聲也有關係，大聲會導致興奮，小聲則有放鬆的效果。

聽自己喜歡的音樂會促使大腦分泌多巴胺，相反地，聽不喜歡的音樂就不會分泌多巴胺。

換句話說，**根據聽什麼音樂，可以控制心情，讓人感到放鬆或是興奮。**

不擅長在大家面前說話、會緊張的人，只要在上台前聽點莫札特的音樂，就能達到放鬆的作用。相反地，如果想振奮精神、充滿幹勁地上台做簡報，只要聽點重搖滾的音樂就行了。

被主管罵而心情低落的時候，聽聽自己喜歡的音樂，讓大腦分泌多巴胺，自然就能重新感受到活力和勇氣。

有項研究也指出，睡前聽四十五分鐘的古典音樂，86％的受

驗者睡眠品質都會變好。睡前聽古典音樂或心靈療癒音樂、大自然聲音，可以**增加大腦的α波，使人進入放鬆的狀態，所以更容易入睡，睡眠品質也更好**。

但是，睡眠中聽音樂會妨礙睡眠，所以務必要將音樂關掉，或是設定自動關閉的時間。

透過以上技巧善用音樂，可以滋潤你的生活，讓你更快樂、更有活力地從事活動。

 **音樂可以調整心情**

| 古典音樂 | ＝放鬆 |

副交感神經處於優勢，心跳數↓
血清素↑、乙醯膽鹼↑

上台前、
緊張的時候、睡前等

| 重搖滾 | ＝興奮↑ |

交感神經處於優勢，心跳數↑

| 喜歡的曲子 | ＝開心 |

多巴胺↑
開心、有精神↑

被主管罵
而感到難過的時候

 為自己安排不同心情時所聽的歌曲清單。

THE POWER OF
INPUT

CHAPTER4

將一切化為自我成長的
助力的觀察技巧

WATCH

30 觀察
Observe

掌握對方的心，對變化和潮流保持敏銳

很多人小時候應該都迷過《福爾摩斯》，我自己也是，國中時讀過《血色的研究》（*A Study in Scarlet*），對裡頭的一部分內容，至今仍忘不了。

那是福爾摩斯第一次和華生相遇的場景。福爾摩斯見到來訪的華生，劈頭就說「你從阿富汗來」。華生嚇了一大跳，因為福爾摩斯完全沒有任何事前資料，純粹只靠著觀察就看出他之前是個軍醫，還曾經待過阿富汗。

觀察實在太有趣了！我也想要有這種能力！

當時看完書這麼想的我，如今成為一名「精神科醫師」，也可以說是個「觀察人的職業」。我的觀察力也被訓練得很厲害，第一次初診的患者從一進到診療室到坐下來的短短十五秒鐘，我就已經可以做出某種程度的診斷了。

磨練觀察力可以得到以下六個好處：

（1）提升溝通能力

觀察人針對的是人的外貌，也就是收集視覺情報，而不是「說話」（語言情報）。所謂觀察力好，意思是可以收集到許多對方的非語言訊息，對於非語言的溝通能力來說自然有提升的作用。

藉由收集非語言訊息，也可以正確推測出對方正在想什麼。知道對方的心情，無論是在工作上或戀愛關係和人際關係中，都佔有絕對的優勢。

（2）人際關係變好

假設有一天，你的老婆或女朋友改變髮型。你回到家之後卻完

全沒有察覺，對方一定會馬上翻臉生氣。如果你在踏進家門的那一刻就能立刻發覺，跟對方說「妳剪頭髮了！這個髮型很適合妳唷！」，對方的心情肯定會立刻變得開心。

因為，「連小地方都能發現」就意味著「對對方隨時保持興趣和關心」。換言之，只要發現並指出另一半的細微改變，有助於提升雙方的親密關係。

（3）收集情報的能力變好
（4）提升自我成長的速度

觀察力是大腦收集情報訊息的入口。缺乏觀察力的人，看一部電影只能得到「30」的情報量。相反地，觀察力好的人卻能從一部電影中獲得「100」的情報。花了相同的時間看了同一部電影，輸入量足足有三倍之多。以結果來說，自我成長的速度也是三倍。

不僅如此，透過仔細的觀察，也可以加快做決定和採取行動的

福爾摩斯的觀察力

你剛從阿富汗回來。

第一次見到華生的
福爾摩斯

這位先生是醫生之類的人，但他有軍人的氣質，因此顯然是個軍醫。他一定剛從熱帶回來，因為他面部膚色黝黑，然而這並不是天生的，因為他手腕處的皮膚顏白。他憔悴的臉色很清楚地說出他曾受過病痛。他的左臂曾受傷，因為動作顯得僵硬而不自然。一個英國的軍醫會在熱帶的什麼地方遭到磨難而且還使左臂受傷呢？顯然是在阿富汗。

引用：《血字的研究》（*A Study in Scarlet*／亞瑟‧柯南‧道爾Arthur Conan Doyle）

速度，對突發事件也能具備臨機應變的能力。

　　加強觀察力除了增加情報收集量之外，還能在不花時間輸入的情況下持續自我成長。

（5）對變化相當敏銳
（6）生意獲得成功

　　假設在你通勤的路上，新開了一家拉麵店。觀察力好的人會在開幕的第一天就察覺，但是缺乏觀察力的人，即便過了一個星期都還不會發現。觀察力好，就容易發現「變化」。也就是對流行保持敏銳度，可以知道接下來的潮流。

　　例如近來市面上有關輸出的書變多了，由此可以推測，只要以「輸出」為題寫一本決定版的輸出大全，說不定就會大賣。結果果真被我猜中，《最高學以致用法》成了暢銷書。

　　只要能夠嗅得到變化和流行，做生意一定會成功，這是很簡單的道理。而方法就是磨練自己的觀察力。

　　觀察力磨練得愈好，無論在人際關係或做生意上，一切都會一帆風順。

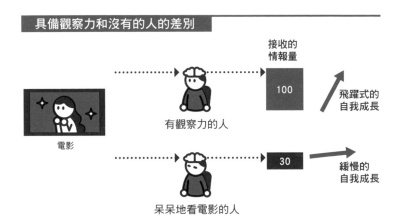

具備觀察力和沒有的人的差別

接收的情報量

電影

有觀察力的人　100　飛躍式的自我成長

呆呆地看電影的人　30　緩慢的自我成長

精神科醫生都在觀察什麼？

- ·姿勢：走路的樣子
- ·視線：是否會和人四目相接、東張西望
- ·眼睛是否有神（意志、欲望、活力）
- ·是否有黑眼圈（睡眠狀態）
- ·外表儀容：化妝、鬍鬚、頭髮（睡眠習慣）
- ·服裝：皺巴巴、是否符合場合（社會化）
- ·營養狀態（臉頰消瘦、皮膚光澤、臉色）
- ·體格：體型、肌肉狀態、肥胖或瘦弱
- ·情緒（憤怒、有氣無力、焦躁、不安）
- ·表情（僵硬、表情肌的狀態、笑容）
- ·動作（緩慢、快速、冷靜沉穩、有力）
- ·是否有活力
- ·和家人之間的關係（獨自或是有家人陪同就醫）

短短15秒內的迅速觀察有助於
最後的診斷

啟動 OODA 循環（OODA loop）

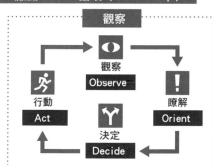

觀察

觀察
Observe

行動
Act

瞭解
Orient

決定
Decide

OODA 循環由美國空軍博伊德
（John Boyd）所提出。一般的
PDCA 循環沒辦法應對無法預
測的突發事件，但透過 OODA
循環，可以做到臨機應變。

仔細的觀察有助於迅速採取行動。

 先從最親近的家人開始觀察他們的變化。

31 磨練觀察力
Improve Observation Skills

透過反覆「觀察 + 提問」訓練觀察力

　　上一節提到，磨練觀察力有非常多好處。既然如此，具體而言到底該怎麼做，才能磨練觀察力呢？

（1）以輸出為前提

　　只要想著「之後要寫在部落格上」，觀察就會變得很仔細。這是我過去經營湯咖哩網站時的實際體會。

　　帶骨雞肉是用「燉」的還是「烤」的？配菜的青花菜是一朵還是兩朵？茄子是不沾粉直接炸嗎？就連一般人不會注意到的地方，全部都得仔細觀察並一一筆記，之後才有辦法寫出部落格文章。透過不斷反覆這種訓練，到最後第一眼就能完全掌握重點。

（2）練習用福爾摩斯的方式觀察

　　我會利用閒暇時間來進行一項觀察力的訓練。

　　那就是看著電車上的人，猜想對方的職業，或是他剛剛正在做什麼。

　　舉例來說，在星期五晚上十點的電車上，一位年紀約二十五至三十歲左右的女子正在用手機傳簡訊。她的臉色略紅，應該是剛喝完酒要回家。身上穿的是充滿女人味的洋裝，臉上還化著妝，可見不是公司的聚會，應該是和男性見面才對。另外，十點還算早，也就是說她聚餐完就直接回家了，所以和對方的關係應該不深。如果是男朋友的話，應該才剛交往不久，或是還稱不上是男朋友的異性朋友。簡訊內容大概是「謝謝你今天的招待」之類的。她臉上的表情看起來很開心，所以很明顯地對對方非常有好感，很想和不算是男朋友的對方有進一步的關係。大概是這樣吧。

　　雖然正確答案無從得知，但如果可以做到這種地步的猜想，肯

定可以達到磨練觀察力的目的。

（3）針對「為什麼？」追根究柢

大部分的人即便在生活中產生疑問，也不會多加在意。

例如看到路邊有人在排隊……一般來說大家應該都是直接從旁邊經過吧，但是我會上前尋問排隊的人「請問這是在排什麼？」。如果是在排剛上市的電玩，我就會知道原來有電玩可以讓年輕人熱中到這種地步。接下來就會更進一步上網搜尋該電玩的訊息。

透過「觀察＋提問」，新的世界會變得更開闊。甚至透過「提問」，會接著產生新的觀察，使得觀察力愈來愈屬害。

養成追根究柢「為什麼？」的習慣之後，對流行會變得更加敏銳，最後還能做出假設、預測未來。

生活中隨時把「為什麼？」放在心上

（4）推測對方的心情

平常和人說話時，我都會盡量透過表情、動作、視線等非語言的訊息去推測「對方正在想什麼？有什麼感受？」。

舉例來說，身為精神科醫師的我，每次問患者「要不要開抗憂鬱的藥給你？」，一定會觀察患者的表情有什麼變化。如果表情看起來鬆了一口氣，表示「拿到抗憂鬱的藥讓他感到放心」。如果表情看起來不太對勁，就表示「他不想吃藥」。這時候我就會針對藥物的功效和安全性做更詳細的說明。

或者和朋友聊天時，我也會試著推測對方的內心，例如問對方「你昨天是不是有什麼好事發生？」。只要猜中了，對方都會很驚訝地問「你怎麼知道！」。

（5）散步

到平常沒去過的地方散步，可以得到許多發現。如果只是漫無目的地走，不會有什麼發現，因此最好抱著「找找看有什麼有趣的發現」的想法。另外，**先決定主題**，例如「好吃的餐廳」、「雜貨店」、「神社寺廟」等，也會得到更多發現。

當然，還要以AZ來觀察（請參見32頁），將觀察結果整理成部落格等文章。如果可以從驚豔讀者的特殊角度去切入、得到新的發現更好。

（6）看電影

看電影是訓練觀察力最好的方法。因為兩個小時內會接收到大量的視覺訊息，完全考驗著看的人可以觀察到什麼程度、得到多少解讀。如果把焦點放在人物上，可以培養觀察人的能力，或者把焦點放在背景或小東西、小道具上也很有趣。另外，以AZ進行觀察的結果，一定要以觀後感或影評的角度整理成部落格等文章。

（7）欣賞繪畫作品

欣賞繪畫作品可以鍛鍊觀察力，就像市面上有《看出關鍵》（*Visual Intelligence*／艾美・赫爾曼Amy E. Herman）這種直接針對繪畫作品磨練觀察力的書籍。相較於電影是訓練影像等動態的觀察力，美術則是一幅畫作（靜態的畫面），其中的背景、服裝、姿勢、小東西等仔細描繪的每一個細節，都隱藏著重要的意涵和具象。欣賞時可以透過語音解說來注意作品的細節。

針對「散步」、「看電影」、「欣賞繪畫作品」，在本書的後半段會有更詳細的解說，各位可以進一步參考。

「看」的輸入能力，決定了觀察力

和人聊天時，想像自己是個偵探
去推測對方的心理狀態。

113

32 察言觀色
Read Faces

馬上看出對方心意的「石蕊測試法」

「如果可以瞭解對方的真意,人生該會有多輕鬆哪。」各位是不是也曾這麼想過呢?尤其是有心儀的對象時。這種時候,每個人都會想知道,對方喜不喜歡自己?

雖然告白就知道答案,但是大家都會說「萬一被拒絕了會很難過,所以沒有勇氣告白」。其實,有個方法可以就算不鼓起勇氣告白,也能瞬間知道對方是不是喜歡你。

從對方的表情看透他的內心,其實並不難,只要問一個問題就行了。**問對方一個問題,然後仔細觀察當下對方的表情變化。**透過這種方法就能以相當高的精準度猜想到對方的心意。

我將這種方法稱之為「石蕊測試法」。「石蕊測試法」是劇本寫作上的用語,意思是「透過某種刺激(語言、事件、道具),使角色透露出感情的技法」。這個說法源自於用來測試東西酸鹼性的石蕊試紙。

假設你有個心儀的對象,你可以問對方「改天要不要一起去吃個飯?」。

就算不喜歡你,也應該沒有人會當場拒絕地說「不用了,謝謝」。而是會回答得模糊不清,例如「這個嘛……」。假設對方喜歡你,也很少有人會馬上一口就答應,因為女生不會想給對方留下輕浮的印象,所以這時候同樣會回答得曖昧不清,例如「聽起來不錯喔」。那麼,她到底是怎麼想的呢?答案就在她的「表情變化」當中。

如果聽到邀約的瞬間臉色一沉,露出難看的表情,就表示你的邀約讓她很困擾。換言之就代表她並不喜歡你。

倘若一聽到邀約便眼神一亮，露出微妙的笑容，表情開心，就表示她樂意接受你的邀約。

人都會有「掩飾」的念頭，試圖隱藏自己的心情。但是一被問到問題，短短一瞬間，真正的心意就會吐露在表情上。

石蕊測試法也可以運用在工作上。例如我在替失眠患者進行診斷時，最後都會問對方「要開安眠藥給你嗎？」。患者是否想服藥，剎那間答案會全寫在臉上。

這個方法一開始或許會很難，但只要平常透過各種場合多加練習，絕對可以相當準確地看透對方真正的心意。

以「石蕊測試法」看透對方的心情

 根據不同對象，事先列好
石蕊測試法用得上的問題。

33 反覆看
Review Repeatedly

兩週內反覆輸入三次以上，加強記憶

關於邊聽他人說話邊做筆記的重要性，我想各位應該都已經很清楚了。那麼，之後需要回頭再去看筆記嗎？還是不需要呢？如果需要，大概要多久看幾次呢？

以大腦的記憶法則來說，從輸入情報之後開始計算，兩週內輸出三次以上，可以使大腦更容易留下長期記憶。「兩週內輸出三次以上」只是個大概的標準，真正的用意在於「讓大腦將不斷使用的情報視為『重要情報』而留下記憶」。換句話說，並非一定要輸出才行，**反覆輸入也會使大腦更容易記住。**

舉例來說，發生重大事件的時候，無論是晨間、傍晚和夜間新聞，一定都會不斷地報導。同一則新聞一天內看到三次，肯定會記住。

「聽」這種輸入法，即便不做輸出，只要短時間內反覆不斷輸入，就會留下記憶。一旦大腦將該情報視為「重要」，便無關輸入和輸出，都會留下記憶。

電車上經常可以看到高中生抱著單字本在背單字。複習單字最好的方法是邊寫邊唸出聲音（輸出），但這個方法在擠滿人的電車上辦不到。在無計可施的情況下，某種程度可以用另一種方法代替，就是在腦中回想單字的拼法（回想）。

輸出雖然是「最好的複習方法」，但是在做不到的時候，「反覆看」和「回想」等透過輸入的複習方式，比起什麼都不做要好上一百倍。

我會把平時工作的開會紀錄、參加講座和演講的紀錄、閱讀感想、電影感想等全都集中在一本筆記本中。每一次開會時，我都會

帶著這本筆記本，利用等待對方的幾分鐘的空檔時間，回頭快速翻閱這一兩個星期以來的紀錄。包括上一次的開會紀錄，以及聽講座的紀錄等。透過這種方法加深記憶。

　　將「兩週內輸出三次以上」改為**「兩週內輸入三次以上」，同樣可以強化記憶**。每翻開筆記本就複習一次最近的紀錄，「兩週內反覆看三次以上」，就能將筆記本裡紀錄的內容牢牢地記住。

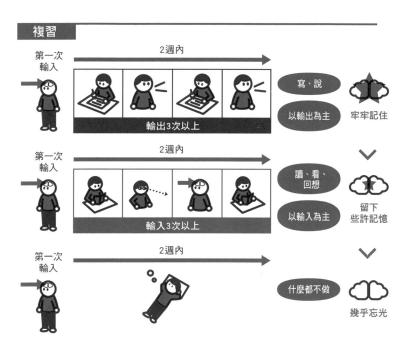

複習

第一次輸入 ── 2週內 → 輸出3次以上 ── 寫、說／以輸出為主 → 牢牢記住

第一次輸入 ── 2週內 → 輸入3次以上 ── 讀、看、回想／以輸入為主 → 留下些許記憶

第一次輸入 ── 2週內 ── 什麼都不做 → 幾乎忘光

開會時提早五分鐘抵達，
利用時間回頭翻閱筆記。

34 反覆瀏覽備忘
Review Notes

「整理備忘」具有醞釀靈感的強大作用

SHOWROOM代表董事前田裕二的暢銷著作《筆記的魔力》中有一段提到：「做筆記不是為了『記錄』，而是為了『產出智慧』。」

備忘包括「記錄」、「便條」，以及「提高智慧生產」兩種作用，其中重要的是後者。各位應該將筆記當成自己的「第二個大腦」，用來累積創意和靈感。

筆記的目的是「記錄和記憶」，備忘的目的則是「產出智慧」。因此，備忘不像筆記，需要兩週內反覆瀏覽三次以上。

我的「備忘錄」（靈感手冊）運用方法只有兩個，非常簡單。

（1）腦袋打結的時候拿出來看

既然是靈感手冊，最好的運用就是沒有靈感的時候拿出來看。寫電子雜誌如果想不到主題，只要翻一翻靈感手冊，找找看有沒有什麼有趣的話題，通常都可以發現許多寫作的材料。習慣寫部落格的人，一定要從平時開始就盡量充實自己的靈感手冊。

各位是否也遇過這種情況，公司主管要求「週五之前要交出企劃書」，可是想破頭卻還是一點靈感也沒有。好的靈感不會這麼容易就想到，一定要從平時就隨時利用靈感手冊累積工作上用得到的情報和新聞。這樣一來，當突然被要求要「提出想法」時，只要翻閱靈感手冊就行了。

（2）幾個月整理一次

利用有空的時間，幾個月整理一次「備忘錄」（靈感手冊）。

「備忘錄」（靈感手冊）記錄的內容非常多，包括「發現」、

「創意」、「靈光乍現」、「待辦事項」（應該做的事）、「雖然不是什麼了不起的事，不過當時覺得很有趣」、「之後可能派得上用場的新聞」、「關鍵字、單字」等。

可以將這些依照類別區分，重新謄寫成表格。或者利用影印，再加上自己的想法和創意。**透過這樣的「整理」過程，會激發意外的發現，或是「發想、一連串的靈光」等**。因為所謂的發想，就是情報與情報之間的組合和相乘。

有時候一開始覺得「雖然沒什麼，但還是先記下來」的「小小想法」，經過幾個月之後，會突然覺得「這個想法太棒了！」，變成「偉大的想法」。

以專業的說法來說，這個過程就叫作**「孵化」**（incubation）。就像是小鳥將蛋孵化成雛鳥一樣。經由時間的經過，靈感會變得更完美。

因此，經過一段「時間」之後再回頭翻閱「備忘錄」（靈感手冊）、重新整理，就能得到暢銷的偉大靈感。

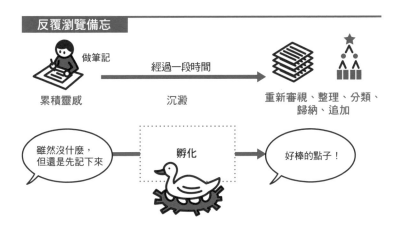

反覆瀏覽備忘

做筆記　　經過一段時間

累積靈感　　沉澱　　重新審視、整理、分類、歸納、追加

雖然沒什麼，但還是先記下來　　孵化　　好棒的點子！

想不到好的點子時，不妨回頭翻翻去年的記事本。

35 看電視 1
Watch TV 1

將「單純的娛樂」變成「寶貴的輸入來源」

　　據說現在的年輕人漸漸地都不看電視了。但實際情況又是如何呢？根據日本總務省的情報通信白書（2017年），不分世代全日本人看電視的時間每天平均為159分鐘，上網時間為100.4分鐘。十到二十九歲的年輕人，上網時間大約是看電視時間的1.5倍，三十至四十歲的人兩者時間差不多。四十歲以上的人則以看電視居多。

　　二十到二十九歲的人，每天平均看電視的時間都還有91.8分鐘，等於有一個半小時之久。日本人每天的閱讀時間平均只有約30分鐘，也就是說，對現階段的日本人而言，花費最長時間的輸入來

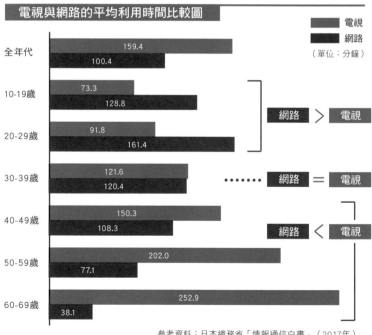

電視與網路的平均利用時間比較圖

電視
網路
（單位：分鐘）

年代	電視	網路
全年代	159.4	100.4
10-19歲	73.3	128.8
20-29歲	91.8	161.4
30-39歲	121.6	120.4
40-49歲	150.3	108.3
50-59歲	202.0	77.1
60-69歲	252.9	38.1

網路 ＞ 電視

網路 ＝ 電視

網路 ＜ 電視

參考資料：日本總務省「情報通信白書」（2017年）

源就是「電視」。

既然如此，假使我問各位「是否記得三個月前看過的電視內容？」，各位回答得出來嗎？如果是電視劇，或許還會記得劇情內容也說不定，因為當時的情緒有受到刺激。不過，如果是每天都會看的新聞或報導節目、娛樂節目等，恐怕都已經完全忘記了。

「沒有記憶」是因為只是「濾盆式地看」，沒有帶來自我成長。不過只是浪費時間罷了。

說到看電視，很多人會覺得不過只是「打發時間」而已。然而，**正因為每天看電視的時間平均多達兩個半小時，如果可以把這段時間用來作為寶貴的輸入時間，肯定會帶來足以改變人生的影響**。

或者，如果可以減少看電視的時間，相對就會多出許多可以自由運用的時間。以下就教大家如何將「單純娛樂」、「浪費時間」的看電視行為，變成可以帶來自我成長的「寶貴的輸入」。

（1）以輸出為前提

沒有輸出的東西，大腦幾乎不會記得。所以一旦看到「有趣的情報」和「發現」，一定要做筆記。藉由「發現有趣的情報就做筆

同樣是看電視……

| 只看想看的節目，有目的地看 | 積極地收看（主動） | 自我成長 ↗ |
| 不自覺地看，總之就是開著電視 | 消極地收看（被動） | 浪費時間…… |

記」這樣以輸出為前提去看電視，大腦會自動從「濾盆式地看」切換成「提高專注力地看」，打開天線收集對自己有用、需要的情報。

《情熱大陸》是我很喜歡的一個節目，每當聽到受訪主角說到讓人感動的話，一定立刻寫下來。之後再發表在推特上，或是記錄在社群媒體上，或延伸寫成電子雜誌的文章，或是之後作為寫作主題之用。

如果只是漫無目的地看電視，電視不過是個「不斷奪走時間的裝置」。但只要以輸出為前提去看，電視就會變成**「最佳情報收集裝置」**。

（2）收集話題

剛開始寫部落格時，一定都會有「想不到每天要寫什麼」的困擾。事實上，看一個電視節目，就能寫一篇部落格文章。只要套用「電視節目+自己的想法」就能完成，例如「昨天我在電視上聽到一句話：『○○』，我覺得……」。

電視充滿各式各樣的話題，可以免費從中獲得電視台工作人員費盡千辛萬苦收集到的最新流行和潮流，實在是很棒的一件事。

只不過，大家平常都只是「濾盆式」地看電視，就算看到覺得有趣的話題，看完之後馬上就忘了。**如果沒有在覺得「有趣！」的當下馬上筆記下來是沒有用的。**用手機也好，寫在記事本上也行，就算只是記下關鍵字或簡單的一行字都可以。經過一個月之後，就會累積成數量龐大的靈感手冊。

就算是沒有寫部落格習慣的人，藉由平時記錄累積「聊天話題」，會讓你成為大家眼中「會聊天且說話有趣的人」，加深對你的好感。「有趣的話題」就是溝通最好的潤滑劑。

（3）有助於市場行銷

只要寫大家感興趣的話題，就能成為暢銷書。只要賣大家都想要的商品，就能造成轟動熱賣。抓住大眾的心理和喜好，是做生

意絕對必要的條件。而這些都不是自己一個人關在屋子裡就能想到的。

　　電視節目的對象是「大眾」、「每個人」、「多數人」，所以最能接近「大眾的心理」。個人或自己公司要針對一千人做問卷調查需要花費相當大的成本和時間，但是電視裡就有免費的相關情報。當然沒有理由不用來作為行銷的參考資料。

　　這個時候同樣也要以輸出為前提。而且不要忘了，一旦發現有趣的情報，一定要立刻筆記下來。

電視與網路的平均利用時間比較圖

以輸出為前提看電視

 改變對看電視的想法，以輸出為前提去看。

CHAPTER4 WATCH

36 看電視 2
Watch TV 2

把電視當成自我成長的好幫手的神奇時間術

　　看電視最大的壞處就是會無止境地消耗時間。不過，有幾個方法可以讓看電視的時間不白白浪費、做有效的運用。

（1）將節目錄下來之後再看

　　事實上，看電視並非完全在浪費時間。看自己真的很想看的節目會讓人感到開心，是最好的娛樂，也可以轉換心情。

　　真正的問題在於，因為懶散而有一搭沒一搭地看著「不想看的節目」。看完喜歡的節目之後，緊接著又看到下一個節目的預告，於是不由自主地繼續看下去……很多人就是像這樣中了電視台的算計。

　　有個方法可以讓即便是禁不起誘惑的人，也能**完全避免不由自主地繼續看「不想看的節目」**。那就是「將節目錄下來之後再看」。根據我的經驗，除了新聞和運動節目以外的所有節目全都改用預錄的方式，可以讓每天看電視的時間減少三分之一。因為有時候預錄了三個節目，最後卻只看了一個。

　　看電視的時間中「看錄影」所佔的比例，僅僅只有9.7％（參照「日本總務省情報通信白書」）。換言之，大部分的人都是看即時節目。

（2）利用空檔時間看

　　坐在電視機前「為了看電視而看」，對我來說只是在浪費時間。

　　我經常收看商業電視台「TVer」（http://tver.jp/）的節目。「TVer」提供了一週內免費收看商業電視台的主要節目，而且**透過電腦和手機都能看**，可以利用移動中的空檔時間來看。

　　電視劇一集的時間大約是五十分鐘，可以利用下班回家在電車上一口氣看完。這麼一來，回家之後的「五十分鐘」就能用來做別的事情。

（3）邊運動邊看

「邊運動邊看電視」是我自己個人的習慣。我習慣在健身房一面跑跑步機，一面透過手機上「TVer」的APP收看電視劇。跑步機跑三十分鐘是一件相當累人、且非常痛苦的事。但是，如果邊跑邊看有趣的節目，一眨眼六十分鐘就過去了。

「好有趣！」的感覺，可以緩解運動的**「痛苦」**。如果什麼都不做，頂多只能跑三十分鐘。既然如此，不如別勉強自己，開心地邊看電視邊跑，運動量還能達到兩倍以上，可以說是神奇的時間運用技巧。

看電視不是壞事，不好的是漫無目的或有一搭沒一搭地「看電視的方法」。

有效率地看電視

 有一搭沒一搭地看　　 利用空檔時間，只看「想看的節目」

● 錄影清單
腦科學 ……
精神科學 ……

浪費時間　　　　　　自己成長加速

 列出一週內「真正想看的節目」。

37 看電影
Watch a Movie

電影是隱藏著發現的「人生教科書」

根據日本「NTT Communications」的調查，「最近一年內有到電影院看過電影的人」大約是35.3%。很多人都將電影視為「娛樂」，但是事實上，看電影的好處非常多。

我在學生時代平均一年會看兩百部電影，出了社會以後也有一年一百部左右的數量，一直都有上電影院看電影的習慣。可以說如果少了電影，就沒有現在的我。

以下我想跟各位分享七個看電影看得更開心，而且還能帶來自我成長的「樺澤流欣賞電影的方法」。

（1）上電影院看電影

我幾乎都是在電影院看電影的。提到電影，還是會想在電影院觀看，因為就如同電影的日文漢字「映画」的字面意思，當影像投映在巨大畫面上時，最能感動人心。用電腦或手機觀看，完全看不出演員的細膩表情和背景的小道具等。

除此之外，和大家一起邊看電影邊「大笑」、「反應」，會增加電影的感動程度和趣味。看電影不只是視覺上的享受，也是一種包括聲音，甚至爆炸之類等震動的「體驗」。**透過刺激五感讓感動加深，留下記憶。**

（2）選擇絕對不會踩到雷的電影

看完電影之後如果發現與期待不符，會讓人非常失望。一般人一個月頂多看個一兩部電影，如果「踩到雷」，打擊一定很大。踩雷電影無法讓人獲得學習和發現。換句話說，「選擇絕對不會踩到雷的電影」十分重要。

為此，首先你必須「參考值得信賴的人的意見」。例如挑選電影的標準和你類似的人，或是符合你喜好的影評家等，這些人的推

薦都值得作為參考。

　　第二個方法是，平時就很明確地知道「自己想看什麼電影」。以我來說，「最想看感動人心的電影」，所以光有華麗打鬥場景的動作片就可以直接略過。

（3）找人一起去看電影，並在事後進行討論

　　和他人一起共有「感動體驗」，對人際關係來說肯定具有加分的效果。因此，男女朋友、夫妻、親子一起上電影院看電影，看完之後針對電影內容進行討論，是非常棒的一件事。

　　一起討論電影不只可以加深對電影內容的瞭解，有時候也會發現「原來對方是這麼想的！」，對對方的瞭解也更進一步。

如何挑選絕對不會踩到雷的電影

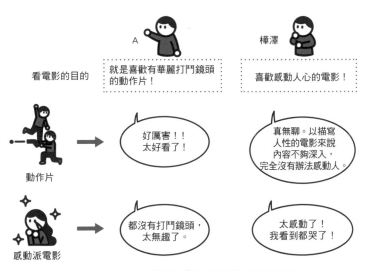

清楚知道自己喜歡看什麼電影，
可以減少踩到雷的機率。

（4）看不懂的部分就上網找答案

我認為電影「打從落幕的那一刻才是正式開始」。和朋友或是夥伴一起討論，或是針對看不懂的部分上網找答案，都會加深對電影的瞭解，欣賞電影和深入的方式、評價等，也會大幅改變。有時候看完的當下覺得「實在是超無聊的一部片！」，但其實只是因為自己沒有發現其中的隱喻。

分享感想、上網找答案的過程，同時也是透過和電影面對面，加深對自己認知的過程。最後都會帶來自我成長。只不過，「看完電影就結束」的人，自我成長的幅度也會相對較小。

特別是對電影有「疑問」或「不解」的地方，一定要確實找到答案。在現今這個時代，只要上網搜尋，一定可以找到某人的解說。透過解開「為什麼」，可以開闊自己「智慧」的世界。

（5）試著思考角色的心理（訓練同感力）

我們經常可以在電影感想中看到「換成是我，一定不會這麼做」之類的評語。然而，各位不妨換個角度去**思考「為什麼他要這麼做？」**，而不是批評。主角的個性和背景和你不同，自然會和你有不一樣的想法、做出不一樣的行動。這是在訓練自己「理解對方的心情」，同時也是理解和自己完全相反的他人、接受他人等同感力最好的訓練方法。

（6）思考自己的人生態度

一般人在日常生活中根本不會面對「人生態度」或是「死亡」的問題。但是，在電影的世界，幾乎每一部作品都會看到對「人生態度」和「死亡」的描寫。電影是讓人思考自我人生和人生態度最好的媒介，例如「我也想擁有那樣的人生態度」、「為什麼主角最後要自殺？」。

看電影就像是經歷他人的人生。看一百部電影，等於經歷一百種不同的人生。

（7）寫下感想（放到社群媒體或部落格上）

電影也要做到以輸出為前提。各位不妨以寫感想為前提去欣賞電影。

既然是以輸出為前提，一定會需要引用，因此心裡自然會想著「要把台詞也記下來」，連電影細節也毫不放過。**透過寫感想，會讓自己發現對電影不瞭解的部分，也更能理解人物主角的心理。**

我在大學時每個月平均會看二十部電影。每一部電影我都會寫下影評，投稿在電影雜誌上。算一算恐怕已經寫了超過一千篇以上的影評。這使得我的寫作能力和觀察力變得非常好。如今我之所以成為一位作家，都是因為持續「欣賞電影並做到輸出」的緣故。

雖然不太好意思，但以下是看了數千部電影的我，心目中的「生涯看過最佳電影前十名」。各位不妨可以作為參考。

樺澤紫苑　生涯看過最佳電影前十名

第 1 位	《星際大戰五部曲：帝國大反擊》（1980年，導演：爾文・克許納）
第 2 位	《星際大戰四部曲：曙光乍現》（1977年，導演：喬治・盧卡斯）
第 3 位	《鬥陣俱樂部》（1999年，導演：大衛・芬奇）
第 4 位	《神隱少女》（2001年，導演：宮崎駿）
第 5 位	《穆荷蘭大道》（2002年，導演：大衛・林區）
第 6 位	《戰國英豪》（1958年，導演：黑澤明）
第 7 位	《全面啟動》（2010年，導演：克里斯多福・諾蘭）
第 8 位	《大法師》（1974年，導演：威廉・弗萊德金）
第 9 位	《鄉愁》（1984年，導演：安德烈・塔可夫斯基）
第 10 位	《奪魂鋸》（2004年，導演：溫子仁）

（以每位導演一部為選擇）

每個月挑個幾天，
下班途中順道去看場電影吧。

38 欣賞現場表演
Watch a Live Performance

現場才能「體驗感動」

腦科學家茂木健一郎說過:改變大腦運作最好的方法就是「感動」。

「感動是指大腦啟動記憶和感情功能,試圖抓住當下所經歷的事件的意義。大腦竭盡所能地記錄正在經驗的事,試著留下人生方向的痕跡。在這個過程中,就存在著感動。」(引用自《感動腦》,茂木健一郎著)

感動會使得大腦的迴路互相連接替代,對該體驗留下強烈的記憶,激發飛躍式的自我成長。這便是感動具備的腦科學效果。

不過,日常生活中顯少有「感動」的體驗。雖然有讓人感動的書,但相遇的機率很低。我經常看電影受到感動,但另一方面,「看電影從來不曾感動落淚」的人也出乎意料地多。

日常生活中獲得感動最簡單的方法,就是欣賞「現場表演」。例如欣賞舞台劇或音樂劇、大型演唱會、到小型的音樂展演空間欣賞現場演奏等。頂尖人士的表演,通常都可以為人帶來非常大的感動。

我最喜歡的音樂劇是《吉屋出租》(*RENT*)。自從2005年住在芝加哥的時候看過電影版之後,就深受感動。後來正巧音樂劇《吉屋出租》在芝加哥演出,我費盡好大一番力氣才拿到最前排的票。我哭到整張臉都皺了,雖然電影版也很棒,但是坐在最前排欣賞《吉屋出租》音樂劇的經驗,成為我畢生難忘、最震撼的感動體驗。

欣賞「現場表演」不但可以感受到震撼力，也能直接感受到演員的活力與熱情。**大量的非語言訊息迎面而來**，自然能夠受到極大的「感動」。

很多人都會覺得「生活每天都很單調，沒有什麼開心的事」。不過，以東京為例，每天都有數不清的音樂劇、舞台劇、演唱會、現場表演。其中一定有可以感動你的「現場表演」，要不要去尋找，全看你自己。

現場表演的花費不低，從五千圓到一萬圓以上都有。但是如果考量到可以欣賞到數十名專業表演者花了好幾個月拚命練習的成果，我認為這樣的花費無庸置疑地實在太值得了。

欣賞現場表演，感受正面且充滿活力的能量。讓人生變得快樂豐富的方法，意外地就是這麼簡單。

現場表演的功效

活力

震撼力

熱情

太感動了！

 打開售票網站，找找看有沒有感興趣的現場表演吧。

39 欣賞藝術作品 1
Appreciate Art 1

鍛鍊商務技巧和創造力的「藝術」

　　梵谷、維梅爾、孟克、布勒哲爾、克林姆等，這些象徵著世界藝術史的畫家的代表性作品，都相繼在日本的美術館公開展出，引起大批人潮排隊觀賞。書店裡也有很多關於「藝術鑑賞」的解說類書籍，雜誌也不斷推出藝術展特輯，全日本掀起了一股前所未有的藝術熱潮。

　　根據日本內閣府針對藝術所做的民意調查（2016年）顯示，有22.5％的人在這一年內曾經做過藝術欣賞相關的活動。換句話說，在這一年內約有八成的日本人沒有去過美術館。對比如此重要的名畫在日本展出，這實在是很可惜的一件事。

　　說到藝術欣賞，應該很多人都「沒有特別感興趣」、「不知道怎麼欣賞」。不過，假使欣賞藝術作品可以得到許多實際上的好處，例如活化大腦、提升商務技巧等，各位會怎麼想呢？

　　以下就為大家介紹欣賞藝術作品的五大好處。

（1）提高智力

　　「智力高，缺乏創造力的孩子」和「智力略低，但極富創造力

直接欣賞文化藝術的經驗（近期一年內）

曾經參與過藝術欣賞的活動	22.5%

曾經參與過（共計）42.2%

	1～2次	3～5次	6次以上	不曾參與過	不清楚
參與過藝術欣賞的人欣賞藝術作品的經驗	26.8%	11.5%	3.9%	57.5%	0.3%

參考資料：日本內閣府「文化相關民意調查」（2016年）調查人數1853人

的孩子」，各位認為哪一個成績會比較好呢？

　　根據某項針對智力、創造力和成績的關係的研究，答案竟然是「智力略低、但極富創造力的孩子」學業成績比較好。透過鍛鍊創造力，可以達到提升學力的效果。這種現象稱為「葛佐爾斯─傑克森現象」（Getzels & Jackson）。

　　鍛鍊創造力最有效的方法，就是欣賞藝術作品。

（2）培養AI時代所需的創造力

　　各取Science（科學）、Technology（技術）、Engineering（工程）、Mathematics（數學）字首字母所組成的STEM教育被視為重要。在美國，打從歐巴馬政府開始便將STEM教育納為政府和民間共同的國家策略之一。近來，加入Art（藝術）的STEAM教育也愈來愈受到重視。

　　創新光靠科學知識和觀念是不夠的，還需要能夠從零激發出全新想法的「創造力」。**「創造力」必須透過藝術教育，也就是藉由欣賞藝術作品來接觸藝術，進而自行創作藝術來培養。**「創造力」是人工智慧最弱的一環，要想在科技進步快速的AI時代不被淘汰，人類唯有靠「創造力」來一決勝負。

何者學業成績較好？

智力高，
缺乏創造力的孩子

IQ105　60

智力略低，
但極富創造力的孩子

IQ95　100

葛佐爾斯─傑克森現象＝鍛鍊創造力具有提升智力的效果

（3）刺激大腦活化

在商場上主要運用的是大腦的語言區塊，但是**藉由藝術，可以活化大腦的非語言區塊**。研究顯示，以商務人士為導向的對話型藝術欣賞，或是適合小孩子的藝術課程，對於想像力、觀察力、邏輯能力、計畫執行能力、溝通能力、理解他人的能力等，都具有提升的作用。此外，也可以藉由引發情感來治療失智症。

（4）獲得療癒

根據義大利波隆那大學（Bologna University）的研究，兩個小時的美術館巡禮，最多可以使壓力荷爾蒙降低60％，有九成的參加者都覺得心情變好了。研究也顯示，欣賞藝術作品可以促使大腦分泌血清素和多巴胺。可見欣賞藝術具有療癒的效果。

（5）提升商務技巧

美國的美術館會在一早舉辦「專為商務人士設計的導覽」活動，吸引了許多公司行號的領導階級參與。近年來，金融機構的員工以藝術學校作為留學選擇的人也愈來愈多了（參考資料：《上級主管齊聚美術館》〔暫譯。エグゼクティブは美術館に集う〕，奧村高明著）。

在美國、英國的商務人士之間，大家都認為「藝術」是必備的**商務技巧**。

學習藝術的第一步就是欣賞藝術作品。不單單只是當成興趣和娛樂，而是為了磨練商務技巧和創造力。這樣的「藝術」，如今已備受重視。各位是否也想到美術館去走走呢？

AI 時代最重要的 STEAM 教育

Science（科學）

Technology（技術）

Engineering（工程）

Mathematics（數學）

＋

Art（藝術） ➡ 創造力、想像力、觀察力、邏輯能力、溝通能力、同感力等獲得提升

我所推薦的日本美術館

第 1 名　東京都美術館（東京都）

策展十分精采。經常展出令人驚豔的世界一流畫家的作品，例如梵谷展、布勒哲爾展、孟克展、克林姆展等。而且展覽除了作品以外，包括畫家的個性、生長的時代背景等也一併呈現。每回都令人感動。

第 2 名　大塚國際美術館（德島縣）

自從歌手米津玄師在 NHK 紅白歌唱大賽中在此現場連線演唱之後，大塚國際美術館便一躍成名。我從二十年前就數次造訪。館內以陶板完整重現上千幅世界名畫。一次看到如此多的名畫，在其他地方絕對不可能辦到。尤其是原畫大小的《格爾尼卡》（Guernica，畢卡索）和《創世紀》（Volta della Cappella Sistina）最為精采，讓人看了不禁感動到雞皮疙瘩四起。

第 3 名　POLA美術館（神奈川縣‧箱根）

位於箱根自然生態豐富的森林裡，環境十分優美。「與箱根的自然和藝術共生」的概念建造而成的建築體本身，也是藝術品。展出包括梵谷、莫內、雷諾瓦、塞尚、畢卡索等知名畫家的作品，豐富程度媲美世界一流美術館。是到箱根一定要造訪的景點。

第 4 名　岡田美術館（神奈川縣‧箱根）

2013年才開幕的岡田美術館尚未被大家所熟知，不過希望大家到箱根，一定要來這裡走走。首先會驚嘆於它的巨大及寬廣的腹地。最精采的展品為喜多川歌麿的《深川之雪》。還能一口氣看到許多日本重要畫家的作品，包括葛飾北齋、伊藤若冲、圓山應舉、尾形光琳、橫山大觀等。

第 5 名　三鷹の森ジブリ美術館（東京都）

只要你喜歡吉卜力電影，絕對會喜歡這裡。讓人再一次讚嘆於宮崎駿那狂熱而完整的世界觀。我最喜歡聳立著機器人士兵的頂樓。是最適合帶孩子瞭解美術館的樂趣、初次體驗藝術的地方。

 週末就少打一次高爾夫球，改去美術館走走吧。

40 欣賞藝術作品 2
Appreciate Art 2

透過語音導覽深入瞭解作品

　　說到嘗試欣賞藝術作品，但是對於從來沒有去過美術館的人來說，應該完全不曉得該從何看起。針對這些初次接觸美術館的人，以下我為大家介紹幾個「可帶來自我成長的美術館使用方法」。

（1）先從知名畫家和知名畫作開始接觸

　　首先，去到一間美術館，應該**先從知名的畫家**，或者是知名的**繪畫作品開始欣賞**。舉例來說，沒有人不知道梵谷，大家也一定都看過孟克的《吶喊》。

　　如果一開始就選擇完全沒有這些「入門」的極端式展覽，不僅無法融入，也不會有趣。

（2）借用語音導覽裝置

　　美術館和藝術展一定都會提供語音導覽。第一次參觀美術館的人，大多會覺得租金太貴而省略。不過，其實透過語音導覽參觀美術館才是聰明的作法。剛接觸藝術作品的人自己再怎麼看，也很難從作品中得到任何收穫。**唯有透過解說，才會瞭解「原來是這樣啊」**。而且，如果不瞭解畫家的生平和背景，對作品的理解肯定也不會深入。

　　以我個人來說，完全支持租借語音導覽。

（3）買一本書回家讀

　　美術館逛到最後，一定都會有個販賣區販售書籍和各種用具。**比起用具，建議各位可以買「一本書」回家讀**。因為既然難得認識了展覽的畫家，不妨多看一些其他作品，加深對畫家的瞭解。

（4）參觀完展覽之後要分享自己的感想

　　參觀完藝術展之後，請一定要找個人聊聊自己的感想、分享體驗。所以最好的辦法，就是和懂藝術的朋友一起去參觀藝術展。雖然是同一個展覽，但是你一定會驚訝地發現「**原來也可以這樣欣賞藝術！**」。當然，在社群媒體或部落格上發表自己的感想，同樣也是有效的輸出。只不過，面對面聽聽他人的感想，也會刺激自己的感受。以鍛鍊創造力來說同樣有效果。

　　欣賞藝術作品一開始可能會覺得很難，不過在遇到「喜歡的作品」的當下，一定會相當震撼，彷彿人生有了改變。大家不妨透過這種從閱讀等文字情報無法獲得、撼動內心的感動體驗，加速自己的成長。

欣賞藝術作品最重要的是「結束之後」

那個部分的用色很棒！

作品的背景是⋯⋯

和朋友彼此分享感想

作者試圖⋯⋯

在社群媒體上分享自己的感想

透過閱讀加深對作品的瞭解

 找個自己喜歡的畫家，接觸不同的作品。

41 欣賞自然風景
Observe Nature

利用午休到公園走走，提升活力

　　近來掀起了一股正念、冥想的熱潮，但是據說要養成習慣不容易，八成以上的人都有挫敗的經驗。事實上，有個更簡單的養身方法，效果不輸正念。

　　那就是欣賞自然風景，或是在大自然中散步。

　　根據日本千葉大學的研究，只是漫步在森林中，就能減少16%的壓力荷爾蒙，並減少4%的交感神經活動，血壓降低1.9%，心跳數也減少4%。以心理層面來說，可以得到「心情變好、減輕不安」的效果。

　　日本醫科大學的研究將東京的上班族帶到森林裡整整三天，每天健行兩至四小時，結果發現免疫細胞當中的NK細胞（自然殺手細胞）增加了40%，即便經過一個月之後，也能維持增加15%的狀態。

　　換句話說，只是散步在大自然裡，就能得到放鬆、療癒、增強免疫力等各種功效。

　　話雖如此，住在都市裡的人很難隨時接近大自然。那麼，路邊的公園難道就不行嗎？

　　芬蘭國立自然資源研究所曾經做過一項研究。他們讓上班族在「市中心」、「（路邊）整頓完善的公園」、「森林公園」等三個不同的地方散步三十分鐘，研究身體前後的變化。

　　結果發現，在公園裡散步的組別，壓力恢復的程度和活力程度都明顯提升，心情也變好了，負面情緒變少，創造力提升，而且壓力荷爾蒙的皮質醇也減輕了。

　　當然，這些效果比起在「（路邊）整頓完善的公園」，在「森林公園」散步更加顯著。不過從這些變化可以知道，即便只是在路邊的公園裡坐個十五分鐘，也能得到某種程度的效果。

只是看看自然風景，讓自己身處在大自然裡，就能增加大腦α波，刺激血清素的分泌。

大家可以利用午休時間到附近的公園走走、吃便當。只是待在公園裡三十分鐘，**不僅壓力可以獲得紓解，還能提升活力，心情也會變好。**下午就能充滿幹勁地面對工作。這實在是排解壓力、轉換心情最簡單的方法了。

研究指出，只要一個月當中有五個小時的時間接觸大自然，會給身體帶來非常大的療癒效果。

午休時間帶著便當到公園裡吃。週末外出到大自然裡走走。透過這麼簡單的動作，就能得到排解壓力、提升免疫力的健康效果，何樂而不為。

只是待在大自然裡，就能得到療癒

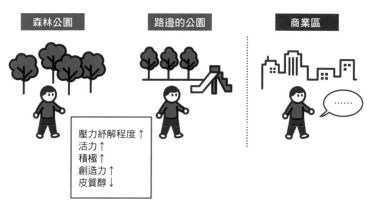

森林公園　　路邊的公園　　商業區

壓力紓解程度↑
活力↑
積極↑
創造力↑
皮質醇↓

接觸大自然可以增加大腦的α波，刺激血清素的分泌
在路邊的公園也有一樣的效果

 趁著大好晴天，找個可以午餐、喜歡的公園去走走吧。

42 閉上眼睛
Look Away

讓大腦從「看」和「讀」當中解放

各位休息的時候都在做什麼？

大部分的人應該都是看手機吧。一到休息時間，立刻就從口袋裡拿出手機檢查訊息，或是玩遊戲。幾乎大家都是這樣。

然而，很遺憾的是，從腦科學的角度來看，**「看手機」是最糟糕的休息方法**。簡單來說，看手機會使大腦疲憊，完全得不到休息。根本是反效果。

一般認為，人類的大腦有80～90%的容量，都是用來處理視覺訊息。整天對著電腦工作的上班族，工作中幾乎都是盯著電腦看，大腦因為「處理視覺訊息」而極度疲累。

由於「看」和「讀」已經讓大腦疲憊，所以**至少在休息的時候，應該讓大腦從「看」和「讀」當中獲得解放**。

既然如此，怎麼做才能讓大腦獲得休息呢？答案是「閉上眼睛」。

大腦一旦進入放鬆狀態，就會開始產生 α 波。睜開眼睛的時候，腦波幾乎全是頻率較高的 β 波，但是一閉上眼睛，大腦就會開始產生放鬆的 α 波。

根據日本國際醫療福址大學的研究，經過五分鐘的「靜下來閉上眼睛」、「嚼口香糖」、「芳香療法」之後，再以近紅外線光譜儀檢測大腦的血流狀態，發現「靜下來閉上眼睛」最能提升大腦前額葉皮質的血流，對消除大腦疲勞具有非常好的效果。

也就是說，只要閉上眼睛幾分鐘的時間，大腦的疲勞就能獲得消除。如果可以再以手帕等遮住眼睛，效果更好。

也可以將溫熱的毛巾敷在眼睛上，讓眼睛休息。或者趴在桌上也可以。閉上眼睛，放空思緒，什麼都不想。這可以說是腦科學上最簡單、有效的休息。

　現代人打從早上一起床，一整天眼睛隨時都盯著東西看。至少在休息時間要讓眼睛休息，什麼都不要看。

　讓大腦從「視覺訊息」中獲得解放、休息。如此才能恢復專注力，在休息之後的工作和學習獲得飛躍式的進步。

最理想的休息方法

ON

手機

無法獲得休息

OFF

好好加油吧！

閉上眼睛放鬆　　　　　精神飽滿！

 別再「沒事就拿出手機」，
必要的時候再看就好。

THE POWER OF
INPUT

CHAPTER5

以最短時間達到
最大效率的網路活用術

INTERNET

43 保持最佳比例
Balance Knowledge and Information

資訊和知識的最佳比例為 3：7

資訊和知識，兩者有何差異？

在資訊工程當中有所謂的「DIKW金字塔」（Data-to-Information-to-Knowledge-to-Wisdom Model），針對「資料」、「資訊」、「知識」、「智慧」做出如下圖的定義。

更具體一點來說明吧。假設現在這裡有一份一年前的報紙，讀過之後，現在仍派得上用場的，就是「知識」；幾乎派不上用場的，就是「資訊」。「資訊」就如同生鮮食品，愈新鮮愈有價值，隨著時間經過會逐漸失去價值。

另一方面，針對資訊進行分析、解釋後得到的「知識」，時間久了一樣具有意義。例如即便已經是三年前的商管書，讀完覺得「現在還是非常有用」，是因為裡頭寫的是「知識」。

從網路和報紙得到的，大多是「資訊」。從書本和人身上得到的，大部分是「知識」。

DIKW 金字塔

實踐、經驗、輸出 →	智慧 wisdom	…… 正確認識知識，進而轉變成價值觀和道德的東西	可以採取行動
分析、解析、分類 →	知識 knowledge	…… 針對資訊做統整、分類之後得到的東西	可以運用
整理、統計 →	資訊 information	…… 針對資料做整理、賦予意義後得到的東西	能夠理解
	資料 data	…… 本身無任何意義的數字、記號、符號	看得到

根據 "The wisdom hierarchy: representations of the DIKW hierarchy"（Rowley, Jennifer, 2007）修正

很多人每天花好幾個小時從手機獲得資訊，甚至可能認為自己是個對資訊瞭若指掌的人。不過這真的是正確的輸入方法嗎？擁有再多資訊，過了幾個月後也全部都會變得沒有意義，失去價值。

超市每天在結束營業之前，都會以半價促銷「現包壽司」。雖然便宜，但是一口氣買了十人份也沒有意義，不僅很快就會壞掉，就算冷凍保存，味道也只會變差。也就是說，資訊只要擁有「當下」可以消化、需要的數量就足夠了。

以輸入來說，保持資訊和知識的比例非常重要。就我的實際感受而言，資訊和知識的比例最好不要高於3：7。2：8或1：9更好。我自己通常是維持在1：9的比例。「收集大量資訊」只會佔去大量的時間，造成「知識」和「智慧」的比例變少。**從網路上收集資訊適可而止就好，相反地，要藉由閱讀增加「知識」，並透過輸出增加「智慧」。**以正確比例的輸入，達到最大的自我成長。

來自網路和書本的輸入特色

	網路	書本
收穫	以資訊為主	以知識為主
新鮮度	一下子就變舊	不容易變舊
真實度	真假混合	較高
運用方法	必要的時候作為參考	平時就保持閱讀習慣
比例	3	7

資訊和知識的比例最好保持在3：7以下

當個「有知識的人」、「有智慧的人」，
而不是「對資訊瞭若指掌的人」。

44 使用電子郵件
Use E-mail

「次要」的工作利用電子郵件做聰明的處理

現代商務人士絕對不能沒有E-mail。很多人應該都會使用Google的Gmail。

開始使用Gmail不久後的2010年（市佔率僅僅只有百分之幾），我出版了日本第一本專門解說Gmail的書《原來Gmail可以這樣用》（メールの超プロが教えるGmail仕事術）。之後，Gmail的使用率突然大幅飆升，如今的市佔率是所有電子郵件60%。

接下來我要跟各位分享身為「E-mail達人」的我，認為最重要的電子郵件使用技巧。各位每天使用電子郵件的時間應該都不少。如果可以有效率地運用，不僅可以節省時間，對各位的工作產能也能帶來突飛猛進的提升。

【將工作產能提升至最大的電子郵件使用技巧】
（1）不要一早就收信

一天當中專注力最高的時間，就是「早上」。這段時間大腦的工作效率最高，可以稱得上是大腦的「黃金時間」。以工作時間來說的話，相當於一開始作業的前三十分鐘。這三十分鐘用來做什麼，決定了接下來一整天的狀況。

在這段最重要的時間中，幾乎所有上班族都是用來收發電子郵件。難道就沒有比這更重要的事情了嗎？**收信這種事，大可排在「預定的工作」之後，稍微有點累的時候再做就行了。**

不過，有時候或許會有「緊急的信件」需要處理。如果是這樣的話，可以利用通勤搭電車的時候，或是到公司之後開始工作之前的時間來處理。除了緊急以外的所有回信，全都等到之後再進行。總之，早上收信和回信的時間，最好不要超過十分鐘。

（2）杜絕廣告信件

前陣子我拜訪了某家企業，看到一個員工對著電腦正在做些簡單的工作。「你在做什麼？」我問他。他回答我：「我正在刪除廣告信。每天都會收到好幾十封廣告信，光是刪除就要花上一段時間。」

要想完全杜絕廣告信件，方法其實很簡單。只要將收到的信件轉寄到Gmail，然後透過電腦的寄件程式（mailer）來讀信。如此一來，Gmail的廣告信件資料夾就能以99.9%的精確度成功隔絕廣告信件。

剛開始需要花差不多一個月左右的時間，讓Gmail記憶哪些屬於「廣告信件」。之後Gmail就能以99.9%的精確度來隔絕廣告信件。

（3）以資料夾整理重要信件

電子郵件最致命的缺點是，「重要信件」會被淹沒在眾多信件中而不小心「漏掉」。有時候就會因為漏掉重要信件，造成難以收拾的問題。

有個方法可以完全避免漏掉重要信件的情況發生，就是在「資料夾」裡讀信，而不是在「收信匣」。以我來說，有「編輯」和

杜絕廣告信件的方法

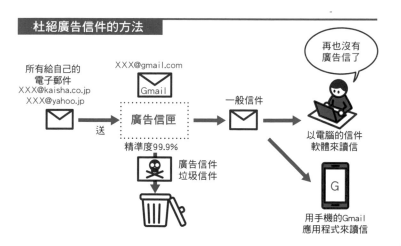

「重要」兩個不同的資料夾。所有往來的編輯寄來的信件，全都放在「編輯」的資料夾裡。其他來自工作夥伴和朋友的信件，就放入「重要」的資料夾。

另外，來自問題專線的新的電子郵件，就放入「問題」的資料夾中。換言之，**「收進匣」裡的全都是「不太重要的信件」**，只要一天一次，有空的時候再看就行了。

我將電子信箱依照「寄件者電子信箱」和「主旨」做了非常詳細的分類。早上收信只要看「編輯」和「重要」的資料夾就好，因此就算把回信時間加進去，前後也不會超過三分鐘。

（4）一口氣處理所有信件

有些人在聚餐時，每十分鐘就會拿出手機來檢查電子郵件和訊息。他們到底在看什麼呢？絕對不可能有什麼信件是十分鐘內不回信的話，公司就會倒閉等突發事件發生。假使真的發生刻不容緩的

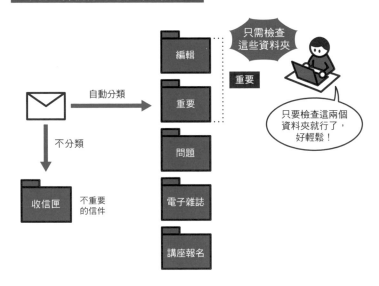

不會漏掉信件的電子郵件技巧

只需檢查
這些資料夾

編輯

重要

自動分類 → 重要

只要檢查這兩個
資料夾就行了，
好輕鬆！

不分類

問題

收信匣　不重要
的信件

電子雜誌

講座報名

緊急事件，也絕對會接到電話通知，而不是透過電子郵件。

電子郵件最好是一口氣做處理。我通常都是打開電腦和關上電腦之前會檢查一次電子郵件，所以平均差不多是三個小時一次。如果各位時間不想拉得那麼長，頂多一個小時一次。**最好的就是利用工作空檔的休息時間來檢查。**

每打開、關閉一封信都需要花時間，比起每檢查一次就打開一封信、前後共檢查十次，一口氣瀏覽十封更能節省時間。

（5）關閉通知功能

各位的工作最重要的是收發電子郵件和簡訊嗎？對多數的上班族而言，收發電子郵件和簡訊應該只能算是工作上的聯絡方式，是「次要」的工作。假使因為這「次要」的工作，影響到「主要」工作的效率，完全就是本末倒置了。

舉例來說，有些人會開啟電子郵件和簡訊的通知功能。光是這樣一個動作，就會使得工作效率大幅下降。

美國密西根州立大學（Michigan State University）的研究指出，2.8秒的彈出式廣告，會使得工作速度降低至一半以下，4.4秒則降低至三分之一。

換句話說，就算實際上並沒有打開信件或簡訊來讀，但光是**不時出現的通知，就會使得工作效率降低至一半以下。**

關閉通知功能，利用工作之間的空檔、專注力低落的時候再檢查信件和簡訊，才是有效率的工作方法。

 別再受控於E-mail，
當成單純的「工作道具」來使用就好。

45 分辨情報的真偽
See through Disinformation

隨時抱持「這是真的嗎？」的懷疑心態

美國坎貝爾大學（Campbell University）曾做過一項研究，針對維基百科上重要的疾病描述進行調查，發現90%的內容都有錯誤。就連可信度相對較高的維基百科都是如此，可見一般網站的情況更嚴重。

以身為精神科醫師的角度來看，很多精神醫學相關的網站所提供的資訊，都只是將一些明顯犯了醫學錯誤、連科學根據都沒有的應對和治療方法，寫得像真的一樣罷了。

假使誤信這些不正確的資訊，不但會造成病情惡化，原本可以治癒的病也會變得無藥可救。是非常危險，會危及生命的行為。

我自己也透YouTube分享了許多關於疾病的改善方法和日常生活療法。從這一點來看，網路上也確實存在許多書本上沒有的「相當有用的資訊」。

換言之，網路上混合存在著「有科學根據、正確的有用資訊」和「毫無根據的謊言」。因此，**瀏覽網路資訊一定要隨時抱持著「這是真的嗎？」的心態才行**。必須培養自己分辨資訊真偽的能力。

至少也要確認清楚兩點：「是哪個網站介紹的？」（是可信度高的網站嗎？）、「撰寫文章的人是誰？」

不清楚撰寫人是誰的文章，完全沒有資訊價值，因為無法確認可信度。如果有標記作者、撰寫人、網站擁有人的名字，只要搜尋這些名字，馬上就能找到對方過去的成果和風評。

以本名撰寫文章的人，由於造假會對真實世界自己的名聲造成傷害，所以通常會寫出負責任的文章。以匿名或筆名寫文章的人，就算造假也不會給自己帶來傷害，因此可信度相對較低。

　　各位要養成習慣，懂得分辨思考資訊是「個人意見」，還是「有科學根據的事實」。網路上大部分的文章都是「個人意見」。將這些當成「個人意見」去接受「原來也有這種想法」，雖然可以學習接納「不同的想法」，但說到底也只是個人的意見。

　　即便是看似「有科學根據的事實」的文章，實際上也可能只是複製其他網站的內容，要特別注意。可以的話，最好是回頭追溯至最原始的文章、原始論文或資料。不過會一一做到這種地步的人，想必應該很少吧。

　　總之，網路上的資訊雖然「免費」，可以盡量瀏覽，十分方便，但是相對地，很多都是幾乎沒有經過查證、充滿謊言和錯誤的內容，一定要多加留意。這種心態非常重要。

網路上的資訊是正確的嗎？

正確　？　錯誤

檢查項目！

☑ 網站的可信度高嗎？

☑ 是誰寫的文章？

☑ 是個人意見嗎？

☑ 是有科學根據的事實嗎？

 瞭解「免費資訊」真假混合的事實，
聰明地做運用。

46 挑選策展人追蹤
Follow the Experts

吸取「專家」傳達的正確資訊

　　網路上每天都會有非常多資訊，如果一一判斷「這是真的嗎？還是錯的呢？」，一整天就全耗在這上面了。除此之外，自己專業以外的領域如「經濟問題」、「國際問題」、「AI最新資訊」等，也會因為過於困難而根本無法確認真偽。

　　因此，雖然必須隨時抱著「判斷資訊真偽」的心態，不過，實際上我們只能依賴專家來為我們做判斷。「國際問題」就交給國際問題的專家，經濟就交給經濟方面的專家。簡單來說，**只要追蹤值得信賴的專家的文章就行了**。

　　收集大量資訊，根據重要程度做取捨篩選，並判斷正確性，進行整理、彙整、摘要，以簡潔明瞭的方式傳達。這個過程稱之為「策展」（curation）。

　　為大眾針對單一領域的資訊做整理、篩選，只分享重要且正確資訊的關鍵人物，稱之為「策展人」（curator）。

　　策展人需要具備專業知識和大量的時間，但是相對地卻免費提供給大眾，既然如此，當然沒有理由不多加利用。

　　只要在推特和臉書上追蹤這些策展人，對方的貼文就會自動出現在自己的動態消息上。

　　假設追蹤了十個不同領域的策展人，你的推特或臉書上的動態消息便會充滿經過篩選、查證、對你而言「必要的資訊」。等於是你自己的「專屬報紙」。

　　舉例來說，分享經濟方面資訊的人非常多。有些是你需要的資訊，有些則不需要。有些人的可信度高，也有些人則讓人感覺無法信任。

你必須謹慎地選擇該追蹤哪個策展人。實際追蹤一個星期左右，大概就能分辨對方是不是自己必要的策展人。

比起這個人的知名度高不高、追蹤人數多不多，各位不妨相信自己的直覺，包括對方分享的是不是「你必要的資訊」、「自己是否真的想和對方建立關係？」，積極地去追蹤。

何謂「策展」？

新聞	新聞	Twitter
部落格	Facebook	部落格

資訊的大海

策展

取捨篩選	判斷真偽
整理	彙整	摘要

策展人

資訊接收者

針對自己想瞭解的領域，
找個追蹤對方的動態吧。

47 情報宅配化
Have Information Delivered Automatically

建立只有傳送「自己必要的情報」的機制

　　各位覺得宅配的再次配送服務中的「送到家裡」和「送到營業所，自行前往領取」兩種選擇，哪一個比較方便呢？

　　不用說當然是送到家裡比較方便。除非不排斥，否則一般人應該不會想自己跑一趟吧。

　　但不可思議的是，在網路世界中，幾乎每個人都是自己主動去收集情報，毫不在意地做著浪費時間的事。

　　透過網路輸入**最要不得的行為，就是「漫無目的地上網」**。憑著興奮和心情，一個接著一個地瀏覽網路上的各個網站。在電車上滑手機的人，很多就是不停打開各個應用程式，到處搜尋有沒有什麼有趣的情報，漫無目的地透過上網進行輸入。

　　十個情報當中，對自己真正必要的情報可能連一成都不到。就算有一成，另外的九成就全部只是浪費時間的行為。假設總共花了三十分鐘，等於其中二十七分鐘是白費的。**如果可以一開始就只瀏覽需要的情報，三分鐘就可以完成**。能夠實現這種結果的方法，就是「情報宅配化」。

情報宅配化

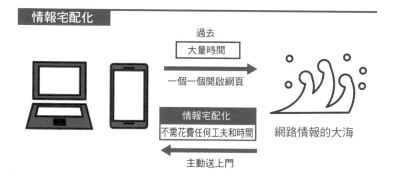

過去
大量時間
一個一個開啟網頁

情報宅配化
不需花費任何工夫和時間

主動送上門

網路情報的大海

　　只挑選「自己必要的情報」，送到自己的電腦或手機裡，就像宅配到家一樣。如此一來，就可以節省下搜尋「不必要的情報」的時間，以及瀏覽這些情報的時間。對輸入效率來說，可以提升十倍以上。

　　「情報宅配化」只要一開始設定好，之後什麼都不做，情報就會自動收集到裝置上，十分方便。

（1）統一成動態消息

　　情報宅配化最重要的，是將所有情報統一集中成動態消息。也就是把所有重要的情報，全部統一在推特或臉書的動態消息上。包

集中式的動態消息

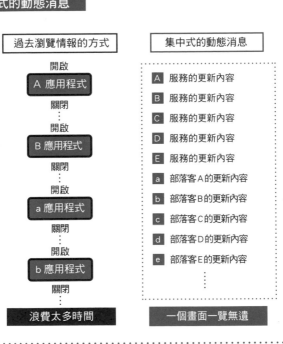

括上一節提到的追蹤策展人也是其中之一。

舉例來說，如果想瀏覽某個入口網站的新聞，可以追蹤該網站的官方推特帳號。如此一來，網站的最新情報就會自動出現在自己的推特上。

如果想用手機瀏覽某個網站的情報，下載了專用應用程式之後，必須一個一個開啟程式才有辦法看到。假設要看十個網站（應用程式）的最新情報，就必須一個一個開啟程式才行。光是開啟加關閉，就必須操作二十次。如果可以將所有情報統一在推特的動態消息上，就可以省下這些工夫。

（2）善用「Google快訊」

在Google提供的多項功能當中，我認為最便利的，就屬「Google快訊」了。但是根據我的調查，有使用「Google快訊」習慣的人，僅僅只有15%。明明是一項十分方便的服務，大部分的人卻幾乎都不清楚。

只要先設定好關鍵字，系統就會將每天Google上索引標註和該關鍵字相符的所有網頁（文章），以電子郵件的方式傳送給你。這就是「Google快訊」。

以我自己為例，由於設定了「威士忌」的關鍵字，所以當天更新的有關「威士忌」的新聞，或是部落格文章等，全都會毫無遺漏

「Google 快訊」使用方法

Google 快訊
https://www.google.com/alerts

只要在「Google快訊」頁面上輸入「關鍵字」，按下「建立快訊」的按鈕，就能輕鬆開始使用。
「數量」可以選擇「最佳搜尋結果」或「所有結果」，建議選擇可一網打盡「所有搜尋結果」比較方便。

地傳送到我的電子信箱中。

於是，我**完全不需要自己上網檢索搜尋**。只要從收到的清單當中，挑選感興趣的文章來看就行了。我可以從嚴選的情報，一路看到更一步嚴選的文章，完全不會浪費時間。

「Google快訊」的所有結果都會保存在系統中，所以也可以之後再一併瀏覽。有了這項功能，再也不會發生「找不到主題寫部落格」的情況了。

（3）善用「RSS reader」

很多人都會希望可以多看幾個不同的網站和部落格。但是，這樣一來就需要不斷「開啟」、「關閉」不同的網頁。再加上假設開啟網頁之後，發現「內容沒有更新」或「沒有什麼有用的文章」，時間就等於白白浪費了。

這類型的人，建議可以善用「RSS reader」。只要先登錄網站的網址，每當該網站有更新內容，系統就會主動通知。

透過「RSS reader」，就可以在一個畫面中，一口氣看到數十個網站的更新內容。電腦和手機應用程式都有提供各式各樣不同的「RSS reader」，大家務必要嘗試看看。

藉由情報宅配化，情報會主動送上門，所有對自己必要的情報都會集中在一個畫面中。你可以從此從不斷開啟關閉應用程式的無意義行為中獲得解脫，各位一定要試試看。收集情報的效率至少會提高兩至三倍，如果懂得聰明使用，甚至可以提高至十倍以上。

別再漫無目的地上網了，
讓自己朝著全自動接收情報改變吧。

48 搜尋
Search

以最快的速度找到必要情報的訣竅

在上一節提到「將情報宅配化」，其中唯一一個自己主動去尋找情報的網路輸入法，就是「搜尋」。

情報最重要的是新鮮度。一個月前的新聞幾乎不再有意義。因此，情報需要的不是提前收集並保管或保存，而是「現在」收集「現在」需要的情報，而且「現在」馬上使用，效率才會好。這就是「搜尋」。

大家應該都有搜尋的習慣吧，不過懂得善用搜尋的人，可能出乎意料地少。以下我就為各為介紹方便又聰明的搜尋技巧。

（1）遇到不懂的，立刻上網搜尋

「遇到不懂的東西，立刻Google」的道理，可以說是基本的網路常識。但是出乎意料的是，很多人並沒有這麼做。我經常會被問到許多問題，很多只要上Google搜尋，幾秒鐘就能找到答案的問題，卻還是有不少人會一臉無所謂地在聚會的場合上提出。

遇到不懂的，立刻上網搜尋＝上Google找答案。這是自我成長的基本法則。

（2）善用指令（運算子）

搜尋有幾個規則（指令、運算子）。**使用指令可以在短時間內完成複雜的搜尋**。Google光是指令就有好幾十個，我將幾個特別重要的常用指令整理成以下給大家參考。

1 AND 搜尋

搜尋「含以下所有字詞」。字詞之間如果空格，就會變成搜尋「含以下所有字詞」。

例 | 廣告信 資料夾 🔍

輸出　研習會 🔍

2 OR 搜尋

搜尋「含以下任何字詞」。搜尋含多個字詞中任何一字詞的網頁。字詞之間必須空格並插入「OR」（半形大寫）。

例 | 輸出　研習會　OR　講座 🔍

（想搜尋有關輸出的研習會或講座）

3 NOT 搜尋

從搜尋結果中指定想排除的字詞。在想排除的字詞前面加上減號「-」。

例 | 澀谷　餐廳　-中華 🔍

（想搜尋中華料理以外的餐廳）

4 萬用字元

將星號（＊）當成「萬用字元」來使用，代替不確定的內容。忘記句子中的某部分內容，或是想搜尋更多相關內容的時候非常好用。

例 | 對＊彈琴 🔍

（忘記「對牛彈琴」當中的「牛」的時候）

5 以句子搜尋

將字詞放在引號「""」中，搜尋含有該句子的所有網頁。是搜尋句子、台詞、題目的全文，以及用英文搜尋時一定會用到的演算子。

例 | "to be or not to be" 🔍

（3）利用進階搜索

如果覺得指令「太麻煩」或「搞不懂」的人，可以使用「進階搜尋」。很輕鬆地就可以做到「OR搜尋」和「排除搜尋」。只要在搜尋框下方的「設定」中選擇「進階搜尋」做設定就行了。

進階搜尋

尋求符合以下條件的網頁

含以下所有字詞

與以下字詞或語句完全相符

含以下任何字詞

不含以下任何字詞

數字範圍從

（4）選擇需要的情報種類

Google搜尋引擎有提供情報種類的選擇，包括「全部」、「影片」、「圖片」、「地圖」、「購物」、「新聞」等。如果想搜尋新聞，可以點選「新聞」。如果想搜尋「圖片」，一開始就選擇「圖片」，便會顯示出所有搜尋結果。

如果想透過最少的搜尋次數，找到自己想要的情報，可以**一開始就先決定「情報種類」，再進行搜尋**。

（5）圖片搜尋

選擇「圖片」搜尋，可以只搜尋到想要的圖片。除此之外還有另一種不同的運用方法。

舉例來說，如果想知道「資訊和知識的差別」，大部分的人都會以「資訊和知識的差別」去搜尋。不過以我來說，會一開始就用這個關鍵字去搜尋「圖片」。這時候就可以找到比較「資訊和知識」的表格和圖片。

表格和圖片屬於視覺訊息，一眼就能馬上看懂。接著再選擇其中最淺顯易懂的表格，進入該網頁瀏覽。因為「表格淺顯易懂」的網站，通常文字說明也會比較容易理解。

（6）時間檢索

當地震發生時，如果上Google搜尋「地震」，試圖找出震源的位置，通常只會出現過去的地震報導和新聞。這種時候，只要在「不限時間」欄位中指定「過去1小時」，就會出現剛才發生的地震的相關資訊。

點選「工具」按鈕後會出現「不限時間」的進階設定，就能選擇特定的時間了。

（7）以字詞串進行搜尋

用單一個關鍵字進行搜尋，得到的資料精確度相當低，很多都

> ✓ 不限時間
>
> 過去 1 小時
>
> 過去 24 小時
>
> 過去 1 週
>
> 過去 1 個月
>
> 過去 1 年
>
> 自訂日期範圍

和自己想知道的沒有關係。這種時候，可以一次輸入「2個」或「3個」關鍵字來搜尋。由於「主要關鍵字」已經決定了，所以「次要關鍵字」的選擇就變得相當重要，這將會決定搜尋時間的長短。

選擇表示「類別」的字詞會比較有效，例如「意義」、「定義」、「結論」、「風評」、「經驗談」、「部落格」、「方法」、「知識」、「新聞」、「研究」、「論文」等。

花點工作在搜尋技巧上，
讓自己快速找到想要的情報。

49 進階式搜尋
Use Advanced Search

適合懂得搜尋的人的網路活用技巧

以下要為大家介紹的是包含Google和其他網站的搜尋技巧在內，更進階式的搜尋方法。

（1）一開始就利用專業網站進行搜尋

說到搜尋，一般人大多會想到「先從Google開始搜尋」。不過，一開始先直接從專門的網站進行搜索，可以排除不相關的情報，更快找到想要的情報。例如想找影片就上「YouTube」，想知道字詞的定義和基本資訊，就上「維基百科」。

（2）以長文進行搜尋

如果想找特定問題的答案，可以把煩惱或問題、疑問等整句話直接輸入進行搜尋。例如「電腦當機怎麼辦」、「失眠的解決辦法」等。

透過這種方法，可以馬上找到提供最直接解答的網站。因為網路上充滿各種問題和疑問的答案。

（3）以聲音搜尋

只要對著iPhone說「Hey Siri」，或是對著Android說「OK Google」，開啟「Google助理」，說出「晴空塔的天氣狀況」，手機就會透過語言回答你的問題。不需要開啟搜尋引擎，也省下打字的工夫，非常方便。

Google搜尋引擎也有「麥克風」的按鈕，只要按下按鈕，就可以利用語音輸入關鍵字搜尋。不僅是手機，就連電腦也可以很輕鬆地做到語音輸入，真的很方便。近來的語音輸入精準度都相當高，不擅長打字的人，改用語音輸入速度會比較快。

（4）搜尋之前瀏覽過的網站

我們經常會遇到這種情況，一個月前看到一個有「美味咖哩餐廳」資訊的網站，可是現在卻想不起來是哪個網站。

搜尋過去造訪過的網站，方法其實很簡單。從搜尋框下方的「設定」進去，選擇「搜尋活動」，就會出現一個「搜尋活動」的畫面。從這裡搜尋，就會出現以過去造訪過的網站為對象得到的搜尋結果。

還可以進一步設定日期，如果記得時間是「一個月前」，只要設定那段時間的前後兩週左右，就能縮小搜尋範圍。

（5）搜尋最近的店家

各位是否也有這種經驗，到了一個陌生的地方，想找間「咖啡店」，卻怎麼也找不到。這種時候，只要打開Google地圖，在搜尋框中輸入「咖啡店」就行了。Google會替你找出附近的咖啡店，並且全部標示在地圖上，一眼就能知道距離最近的咖啡店在哪裡。

如果想尋找附近特定的店家，例如「拉麵店」、「藥局」、「酒吧」等，這項服務十分方便。當然，只要輸入「廁所」，也可以找到最近的公廁。

（6）站內搜尋

希望限定在某個網站內，搜尋需要的資訊。這種情況我想應該也不少。假設是大型的入口網站，一定都有站內搜尋的輸入框，如果是一般的部落格，有時候恐怕沒有這項功能。

這種時候，可以在搜尋引擎輸入「site:網址 關鍵字」，便能進行站內搜尋。例如假設要搜尋我的部落格裡和「睡眠」相關的文

章，只要在Google輸入「site:http://kabasawa3.com/blog/ 睡眠」就行了。

（7）在YouTube頻道內搜尋

我在自己的YouTube頻道「精神科醫師・樺澤紫苑的頻道」上，上傳了兩千多支的影片。但是有些人告訴我：「影片太多了，都找不到自己想看的影片。」

其實這種時候，只要在YouTube頻道內搜尋就行了，可是知道的人卻不多。點選頻道名稱左邊的頭像圖片，就能進入「頻道首頁」。按下「首頁　影片　播放清單……」右邊的「＞」按鈕，會出現一個「放大鏡」的符號。只要點下去，輸入關鍵字，就能在頻道內進行搜尋。

（8）Google Scholar（Google學術搜尋）

http://scholar.google.com.tw/

可限定Google內的學術論文為對象進行搜尋。是寫畢業論文或學位論文的人一定要會的一項搜尋功能。想找可提高論文可信度的資料，這項是十分便利的功能。

（9）Google Books（Google圖書）

http://books.google.com.tw/

能夠以書本內的全文為對象進行搜尋。可以找到明確提到自己想知道的內容的書。對於尋找參考文獻和資料的人來說十分便利。

（10）PubMed醫學論文搜尋

http://www.ncbi.nlm.nlh.gov/pubmed/

提供生物醫學和生物化學方面的所有英文論文數位檔案。是科學研究人員每天一定會造訪的網站。是尋找醫學方面的論文時不可缺少的網站。

（11）計算機功能

如果急著要馬上知道「1426-381=」的答案，你會怎麼做呢？很多人應該都會叫出計算機的功能來計算吧。事實上，只要在Google的搜尋框內輸入「1426-381」，按下「Enter」鍵，就會跑出答案來。由於Google本身就具備計算機的功能，所以根本沒有必要再特地開啟計算機的程式。

（12）貨幣換算功能

舉例來說，你在歐洲旅行的途中想買一個65歐元的東西。你想知道65歐元換成台幣是多少元，你會怎麼做？事實上，你不需要先查出1歐元等於「台幣35.36元」（執筆當時），然後再用手機的計算機算出「65×35.36」是多少元。

你只要在Google的搜尋框中輸入「65歐元」，按下「Enter」鍵，馬上就會得到換算成台幣的「2,263.18946元」。出國旅行時，這個「貨幣換算」的功能會非常方便。

增加自己的搜尋技巧，可以大幅縮短輸入的時間。換言之，搜尋就是最厲害的時間術。

 別再依賴Google，也嘗試善用各種搜尋網站吧。

50 儲存
Save Information

以「PDF 檔」儲存網路上的資訊

在網路上瀏覽網站時，如果找到有用的資訊，各位會如何儲存呢？

這個問題也就是該如何保存或儲存收集到的資訊？大部分的人應該都是把網站加入「書籤」（bookmark），也就是儲存網址。然而，**書籤對於儲存資訊而言，其實並不適合**。因為新聞網站的內容很多都有期間限定公開的規定。

「Evernote」是很有名的一個儲存資訊的軟體。除了儲存網頁以外，還有儲存其他各種的檔案格式，例如筆記、備忘、記事本、圖片、PDF等，利用搜尋馬上就能找到你要的資料，非常方便。這對以數位方式記錄筆記和備忘的人，或是每天都會儲存大量檔案和網站的人來說，可以說相當便利。

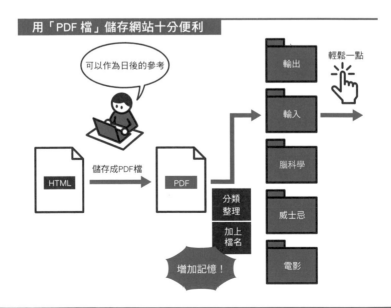

用「PDF 檔」儲存網站十分便利

可以作為日後的參考

儲存成PDF檔

HTML

PDF

分類整理

加上檔名

增加記憶！

輸出

輸入

腦科學

威士忌

電影

輕鬆一點

如果只是要「儲存網頁」，用「列印PDF」的功能就行了。在網路上找到感興趣的文章之後，按下「列印PDF」，就能儲存在指定的資料夾裡。由於事先已經依照自己需要的分類建立資料夾，所以這個時候只要直接將PDF存在資料夾裡頭就可以了。

一般來說，如果要在電腦上儲存網站，有分為HTML檔案和含有圖片等其他元素的檔案兩種，在管理上十分麻煩。但是，只要利用「Evernote」的「列印PDF」功能，便能將網站轉換成一個檔案來儲存。

轉換成PDF檔之後，就能當成一般的文字檔案來閱讀。舉例來說，假設在網路上找到一篇有關輸入的研究論文，我就會儲存在「輸入大全」→「輸入大全資料」的資料夾裡。這個資料夾儲存了所有有關「輸入大全」的資料，需要找資料的時候，只要打開這個資料夾就行了。完全不需要搜尋，可以省下不少時間。

要注意的是，儲存的時候必須加上合適的「檔案名稱」。如果用記號或網址作為檔名，之後要找會非常辛苦。

現在手機上網「螢幕截圖」十分方便，我通常都將截取下來的圖片儲存在「螢幕截圖」的資料夾裡。這個資料夾就成為我的「靈感手冊」，收藏了非常多的靈感來源。

「輸入大全」資料夾裡的內容

- BGM造成大腦功能下降
- 諮商的基本
- 看手機會導致大腦GABA下降
- 只是隨身攜帶手機就會導致專注力下降
- 以鋼琴降低大腦血流
- 為什麼會引發安慰劑效應——專家…
- 桌遊對大腦很好!_手遊&桌遊
- 只要十分鐘的輕度運動，就能活化大腦：早上
- 一心多用會導致皮質醇的分泌

網站、論文、資料
全部一覽無遺

**集中管理是儲存資料的鐵則。
網站資料最好全部轉成PDF檔。**

51 分享
Share Information

可以造福他人，又能自我成長的輸出

網路情報的「輸出」指的是什麼呢？

所謂網路情報的「輸出」，指的就是「分享」。

發現有趣的新聞或部落格文章，就在推特上轉推，或是分享到臉書。這個時候，只要再加上一句自己的感想，就是很好的輸出。自己看完這篇文章有什麼想法？對哪個部分有共鳴？就算只是一句話也好，加上自己的想法，會幫助自己記得更清楚。

此外，如同上一節「儲存」的道理，**持續分享「有趣的文章」，你的推特和臉書就會變成網路情報的剪貼簿**。之後再回頭看，就是一本豐富的「靈感手冊」。

分享之後，大家也會回應你的分享，例如「謝謝你分享這麼好的文章」。有時候也看到「我也認為……」之類的回應，於是開啟雙方的討論。

換句話說，分享之後得到數則回應，接著再回覆這些回應，就能輕鬆達到「兩週內輸出三次以上」的目標，留下深刻的記憶。

分享的作用

太有趣了！
寫得真好！

真有趣@

真有趣@

感謝分享

我的想法是…

分享獲得回應，再進一步
回覆回應，就能加深記憶。

甚至可以把針對分享的文章所做的感想加以延伸。以長篇的方式陳述自己的意見，或是加上對文章的分析和觀察，就是一篇很棒的「情報發表」。隨著不斷地針對情報做分析，想法會轉換成「知識」，變得更容易記住。

發現有趣的文章時，只是將文章標記成**「書籤」**，或是**「分享」**，兩者的記憶程度差距多達好幾倍。很多時候就算標記成「書籤」，卻馬上就忘記自己做過「標記書籤」這件事。

我的臉書上的文章，有時候按讚人數上百的貼文，分享的卻只有兩三個人。大部分使用社群媒體的人都沒有分享的習慣。不過，我還是希望大家可以多多分享。

因為分享是「將有用的文章告訴其他人」，可以得到他人的感謝。既可以得到他人的感謝，又能夠自我成長。這種一舉兩得的方法，就是「分享」。

為什麼簡單的分享就能留下記憶？

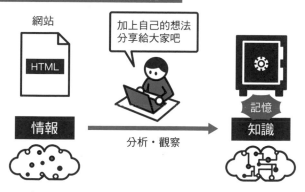

 覺得好就立刻分享。稍微雞婆一點沒關係。

52 用圖片做筆記
Take Visual Notes

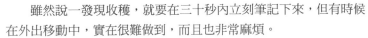

以照片取代筆記的數位化管理法

雖然說一發現收穫，就要在三十秒內立刻筆記下來，但有時候在外出移動中，實在很難做到，而且也非常麻煩。

這種時候就能利用「照片」。方法就是用手機的相機拍照當成記錄。也就是以圖片取代「做筆記」。

或者，如果發現感興趣的網站，除了標記成書籤以外，也同時將畫面截圖變成照片，直接把畫面儲存起來。

尤其比較重要的圖片筆記，可以放在「我的最愛」資料夾中，之後只要打開資料夾，馬上就能讀取。

圖片筆記在拍照的時候幾乎不會花上多少時間，而且能快速地反覆讀取，因此只要懂得善用，必定可以成為提升「速度」和「效率」、非常有幫助的工作技巧。

透過手機將資料數位化

螢幕截圖

20190513
會議紀錄

20190625
開會資料

用紙本儲存好麻煩。
之後要找資料也會很
辛苦。

圖片筆記的善用技巧

（1）會議摘要、會議紀錄

　　會議資料和紀錄的整理保存很麻煩，但前一次的會議紀錄通常會有很多重要事項，如果可以將紙本資料數位化，一切就會變得非常簡單。

　　手機照片可以依照「地點」做分類整理，只要從相簿的「拍照地點」選擇自己公司的會議室，在該會議室裡拍的照片，也就是過去的會議紀錄，就會依照時間排序完全呈現。如果只是幾張紙的書面資料，拍完照就可以丟了。以數位化做管理，在「反覆瀏覽」和「讀取」上會變得快速許多。

（2）餐廳菜單

　　到餐廳用餐，通常會拿到一張當天所用餐點的「套餐內容」。這些也可以拍照存檔。將吃過的料理照片持續保存，之後要回頭再看就會很方便。

（3）新開的店家、想去的店家

　　走在路上發現「新開的店家」，或是大排長龍的人氣名店，也可以拍照下來，做成專屬自己的「想去的店家清單」。

（4）電車上的吊環廣告、新書廣告

　　在電車上的吊環廣告發現「吸引人的廣告標語」，可以拍照儲存。或者，在電車車廂內的廣告上發現感興趣的新書廣告，也可以拍照下來，之後再決定是否購買。

（5）時刻表

　　經常使用的地鐵路線圖、公車時刻表等，也可以拍照儲存在「我的最愛」中，便於日後查詢。也可以將網站的時刻表螢幕截圖下來。

（6）地點、時間等重要資訊

　　開會通知上「5月16日，15：30，澀谷○○大樓5樓」之類的資訊，日後非常有可能會需要再次確認。因此這類的資訊，可以事先以螢幕截圖儲存成圖片。因為比起打開信箱開啟郵件，看圖片的速度快多了。

（7）報紙、雜誌等傳統紙本媒體

　　閱讀報章雜誌等「紙本」的時候，看到感興趣的內容，都可以拍照儲存成圖片。如果是以手機瀏覽「數位版」的報章雜誌，也可以透過螢幕截圖的方式來儲存。

（8）網站紀錄

　　滑手機時一旦發現網站上有感興趣的資訊，毫不遲疑就立刻以螢幕截圖儲存下來吧。

 無論工作或生活中，一旦安排好約會行程，立刻用螢幕截圖將時間日期儲存成圖片。

53 善用影片
Use Videos

影片除了「娛樂」，還有無限可能

很多人都會上網看影片。根據某項調查，十到二十九歲的年輕人，YouTube的使用率高達95%。每天都會看的人也多達70%。不分年齡的使用率則是77%，數字非常高。

年輕人上網看影片不看電視，這已然成為正常的現象，於是影片成了重要的情報來源。

只不過，大部分的人看YouTube的目的都只是為了「打發時間」（78%）和「娛樂」（41%）。最常看的影片內容以「娛樂節目」和「音樂節目」佔多數，其他如「語言學習」、「學習」、「製作」、「資訊」等，可以說非常少。

從這樣的使用狀況來看，以YouTube為代表的影片內容，可以

	「精神科醫師・樺澤紫苑的頻道」觀看次數最高前十名	
	影片標題	觀看次數
第1位	憂鬱症無法痊癒的人的共通點	79萬次
第2位	如何一秒分辨出「不值得信賴的人」？	55萬次
第3位	強化自我內心的方法	54萬次
第4位	輕鬆消除內心不安的方法	38萬次
第5位	憂鬱症自我檢測：兩個問題就能診斷出99%的憂鬱症	30萬次
第6位	職場人際關係淺嘗輒止就好！	27萬次
第7位	如何聰明面對討厭的人？	26萬次
第8位	一天就治好感冒的方法	25萬次
第9位	如何一秒分辨出「值得信賴的人」？	25萬次
第10位	容易罹患精神疾病的個性	23萬次

（2019年6月末至今）

說還有無限的可能。

我本身也是個YouTuber，擁有超過十萬以上的訂閱人數。接下來我就為各位介紹YouTube除了「娛樂」以外的活用方法。

（1）善用學習和教育的影片

YouTube上有非常多英語會話等語文學習相關的影片，以及專為考生設計的念書方法等學習、教育方面的影片。

俗話說「百聞不如一見」，很多時候閱讀文字看不懂的東西，**只要透過視覺，一下子就懂了**。書本和網路的文字內容只能傳達「語言訊息」，但是影片包含了「視覺訊息」和「聽覺訊息」等非語言訊息，情報量遠遠勝過前者。

以學習效率來看，影片的效果比「書本」好，比「和人面對面」差。書本通常都有基本定價，與人面對面學習的研習會和演講等更是昂貴。

不過，不曉得為什麼，一些足以出版成書的專業內容，甚至是實際收費的研習會或演講的部分內容，在YouTube上全部都是「免費」公開。

影片更容易達到傳達效果的原因

大量情報

書　　　　　　　影片

語言訊息　あ	語言訊息　あ
非語言訊息	視覺訊息　◑
	聽覺訊息　⑤

這些影片的內容程度和書本差不多，甚至更好，因此學習效率非常好，不過卻是「免費」。由此可知，**藉由影片學習，可以說是最划得來的「學習方法」和「輸入法」**，當然沒有理由不多加善用。

（2）學習解決問題的方法

美國有一項針對YouTube的使用調查，其中對於「什麼時候會用到YouTube」的問題，有51%的人答案都是「針對沒有體驗過的事情，想嘗試看看」，遠遠多於「打發時間」的28%。

「針對沒有體驗過的事情，想知道做法」指的是例如「料理方法」、「肌肉訓練的方法」、「電腦或手機的操作方法」，或是「打領帶的方法」等。

YouTube可以算得上是第二種搜尋引擎，如果想知道某些事物的作法，通常不會選擇Google，而是上YouTube搜尋，看影片找答案。YouTube幾乎被當成「智慧寶庫」和「百科全書」來使用。實際上，YouTube上也真的提供了可以解決所有「方法」和「疑問」的影片。

（3）減輕心理層面的問題和煩惱

「不知道方法」之類實際的問題，可以看影片找到解決。不過事實上，就連心理層面的問題，也可以透過影片，排解大部分的煩惱和壓力。

我的YouTube頻道「精神科醫師・樺澤紫苑的頻道」，當初開設的目的，就是為了「透過排解大家內心的煩惱和不安，減少日本的精神疾病和自殺率」。

頻道目前已經上傳了兩千支以上的影片，內容包含排解內心煩惱、不安、壓力的方法，精神疾病的治療方法及預防等。訂閱人數也已經超過十一萬人。

曾經有人質疑：「我的憂鬱症已經看了三年的醫生，都不見起色，難道看影片就能治好嗎？」雖然無法靠著看影片治好憂鬱症，

卻可以消除九成以上的內心不安和壓力。

　　實際上，我也經常收到許多感謝的留言表示「看了影片讓我得到了解脫」、「不再有自殺的念頭了」。

　　壓力的定義有很多，其中之一是「覺得無法控制自己」。

　　換言之，覺得「無能為力」就是壓力。相反地，一旦覺得「總會有辦法的」，壓力就會消失。也就是說，**只要學習解決和應對的方法，告訴自己「總會有辦法的」，壓力就會減輕大半。**

　　大家不妨養成以影片搜尋「應對方法」和「解決辦法」的習慣，可以減輕「無能為力」的壓力，得到放鬆。

上「精神科醫師・樺澤紫苑的頻道」解決問題吧

提供排解內心煩惱、不安、壓力的方法，睡眠和運動等健康法，精神疾病的治療與預防等兩千支以上的影片

別錯過每日更新的 YouTube 影片

收看影片、登錄頻道

https://www.youtube.com/webshinmaster

 針對目前的煩惱，
上網搜尋解決辦法的影片吧。

54 閱讀雜誌
Read Magazines

以便宜的花費掌握最新潮流的相關知識

說到情報的輸入，一定不能忘了「閱讀雜誌」。因為雜誌可以用便宜的花費，得到全方位的最新資訊。加上還有很多插圖，更容易閱讀和吸收。好處非常多。

雜誌的種類很多，我最常閱讀的是商業雜誌，包括《東洋經濟週刊》、《鑽石週刊》、《PRESIDENT》、《日經Business》等。這些都可以讓人用最輕鬆的方法，吸收到商務人士一定要知道的最新知識，各位一定要多加善用。

【閱讀商業雜誌的好處】

（1）瞭解最新話題和潮流

一本書從企劃到出版，大約會耗時半年至一年。相對於此，雜誌則是在出刊前的兩二個月開始作業。也就是說，比起書籍，出刊頻率密集的雜誌比較能掌握最新話題。

（2）獲得介於資訊和知識之間的內容

從網路和報紙可以獲得的是「資訊」，從書本可以獲得的是「知識」。從雜誌可以獲得的，是介於兩者中間，稍微偏「知識」的內容。除了最新的資訊以外，同時能夠具備類似「知識」的價值。

（3）達到全方位的輸入

雜誌特輯一般來說都會針對十至二十位以上的專家進行採訪。也就是說，內容不但豐富多元，而且詳盡全面。除此之外，很多時候會同時提供贊成和反對雙方的意見，從「中立」的角度做出不失公正的報導。

（4）淺顯易懂

商業雜誌的圖片和照片非常多，文字出乎意料地少。對於討厭

看字的人來說，也可以憑直覺去理解。

【如何閱讀商業雜誌】
（1）以輸出為前提，並確實做到輸出
　　商業雜誌的缺點是，由於可以快速閱讀、輕鬆理解，所以相對地也會很容易忘記。因此，閱讀商業雜誌一定要以輸出為前提，並且將「發現」確實做輸出。

（2）輔以書本加深深度
　　商業雜誌的優點是「內容多元且全面」，但是相對地也有「內容粗淺」的缺點。最好再追加閱讀一本相關書籍作為彌補。
　　我通常都是下載手機上可以無限閱讀的APP來看雜誌，利用搭電車等移動中的時間。**每個月只要四、五百圓，數百本的雜誌就可以任意看到飽，對每個月固定買兩本雜誌以上的人來說，絕對划得來。**

幾個常見「雜誌看到飽」服務的比較

	雜誌數量	月費（稅外）	特色
d magazine	200種以上	400圓	提供許多女性雜誌。舊刊數量多達1500冊以上。為日本國內「雜誌看到飽」服務使用率第1名。
樂天magazine	250種以上	380圓	年費方案只要3600圓，非常划算。
tabuho（タブホ）	900種以上	500圓	可閱讀包含舊刊在內多達3000冊的雜誌，為全日本最多。
Kindle Unlimited	240種以上	908圓	除了雜誌以外，也提供非常多一般書籍和漫畫，數量多達 12 萬冊，為全日本最多。電子書數量為全日本第一。
bookpass（ブックパス）	300種以上	562圓	漫畫很多。包含漫畫和一般書籍在內數量多達4萬冊。

善用雜誌看到飽的服務，
以全方位的方式努力去瞭解社會動向。

55 看新聞
Read the News

八成的新聞都是自己不需要的

到底真的有必要讀新聞、看新聞嗎？

我不太看電視新聞，也不看報紙，就這樣持續了好幾年，一直到現在，完全不覺得有什麼問題。反而經常有人對我說「你很瞭解最新資訊耶！」「連這種事你也知道！」。

我只會看臉書的動態消息。只要是重大的新聞，一定會有人分享，而且還會加上解說。所以只要花個三分鐘瀏覽臉書動態，差不多就能完全掌握當天的新聞。另外，我雖然不看新聞，但是會讀非常多雜誌和書籍，因此可以吸收到知識性的情報。

我尤其不看電視新聞，因為幾乎都是負面的新聞，從心理健康的角度來說，還是不看比較好。

從事股票和金融行業的人，或許每天早上一定都要看《日經新聞》。但是根據職業不同，也可能完全沒有幫助。對自營業的人來說，「運動賽事的結果」或許可以成為很好的聊天話題。但是對於運動沒有興趣的人而言，就只是無意義的情報罷了。

選擇和公司的工作或自己的生意有直接關係的內容，換句話說，**只要看聚焦在自己的領域的新聞就行了**。

人的「時間」和「大腦資源」有限，**經常輸入了新聞之後，相對地就無法再輸入其他情報和知識**。

那些新聞真的是你人生必需的東西嗎？會提升你的自我成長嗎？各位一定要確實地做取捨和選擇，而不是茫然地「看新聞、讀新聞」。

看電視新聞的壞處

（1）負面新聞太多

日本的新聞節目幾乎都是負面的新聞。

如果每天看，肯定會導致負面思考變得根深柢固，對日本的未來失去信心和希望。因為節目本身的目的就是為了要煽動不安，所以自然只會愈看愈擔心、愈感不安。

（2）自己真正需要的新聞頂多只有兩成

新聞節目的內容通常都是包羅萬象，包括國內動向、事件、政治、經濟、國際問題、天氣、運動賽事、演藝圈消息等。十則新聞當中，自己迫切想知道的了不起只有兩則。如果是這樣，等於八成的時間都白費了。

（3）造成思考偏頗

電視的新聞報導通常都不具公平和中立，而是以極度偏頗的角度在報導。這樣的新聞看久了，恐怕會被偏頗的思考洗腦。相反地，網路上的新聞少了拙劣的解說和意見，但是相對地角度十分中立。

（4）破壞了大腦的黃金時間

尤其晨間新聞和新聞節目更是看不得。早上起床之後的 2～3 個小時的時間是「大腦的黃金時間」，專注力非常高。這時候如果輸入太多雜亂的資訊，會造成大腦的思緒混亂，毀了「大腦的黃金時間」。結果就是導致上午的工作效率明顯下降。

如果有超越這些缺點的優點，看看新聞也無妨。

什麼是自己真正需要的新聞？

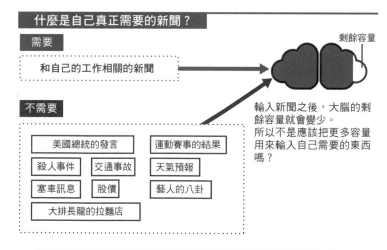

需要

和自己的工作相關的新聞

剩餘容量

不需要

美國總統的發言	運動賽事的結果
殺人事件　交通事故	天氣預報
塞車訊息　股價	藝人的八卦
大排長龍的拉麵店	

輸入新聞之後，大腦的剩餘容量就會變少。
所以不是應該把更多容量用來輸入自己需要的東西嗎？

早餐時間和下班回到家之後，
別再茫然地盯著新聞節目看了。

56 設定限制
Limit Using Digital Tools

手機和社群媒體「一天不超過一小時」最為理想

很多人可能都以為「使用社群媒體和手機的時間愈長，愈能得到有用的輸入」。事實上，這完全是錯誤的觀念。**使用社群媒體和手機的時間愈長，會導致專注力低落，注意力渙散，工作效率和智力也會下降，覺得愈來愈不開心。**

美國密西根大學的研究發現，使用臉書的時間愈長，會導致主觀的幸福感降低。很多人會為了排解寂寞孤獨而使用社群媒體，不過事實上，使用社群媒體的時間愈長，孤獨感和抑鬱只會變得愈來愈強烈。

相反地，研究發現，如果將使用社群媒體的時間限制在三十分鐘以下，將能大幅減輕孤獨感和抑鬱。

根據美國匹茲堡大學（University of Pittsburgh）的研究，使用社群媒體的頻率愈高，愈容易罹患憂鬱症。比起使用時間較短的人，長時間使用的人罹患憂鬱症的風險高出了2.7倍。

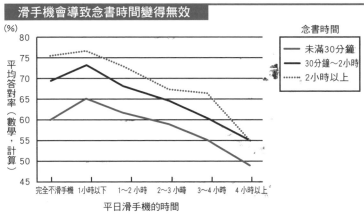

滑手機會導致念書時間變得無效

(%)

念書時間

— 未滿30分鐘
— 30分鐘～2小時
‥‥ 2小時以上

平均答對率（數學，計算）

平日滑手機的時間

完全不滑手機　1小時以下　1～2小時　2～3小時　3～4小時　4小時以上

參考資料：《2小時的學習效果消失了！要不得的用腦習慣》（暫譯。2時間の学習効果が消える！やっくはいけない脳の習慣／横田晉務著，川島隆太審訂）

另外，根據日本東北大學川島隆太教授的研究，滑手機的時間每增加一小時，數學計算的成績就會減少五分。研究同時也針對不同長度的「念書時間」進行檢討，最後得到一項驚人的結果是，比起「念書時間不到三十分鐘、不滑手機的學生」，「念書時間四個小時以上、有滑手機的學生」的成績較低。也就是說，滑手機會導致念書變得無效。

根據川島教授的說法，長時間看電視、玩電玩、滑手機，結束之後的三十分鐘至一小時的時間，大腦的額葉功能會持續下降。在這個狀態下，再怎麼努力念書，也完全得不到任何效果。

類似這種「長時間使用社群媒體和手機，會對大腦造成負面影響」的研究數據還有非常多。既然如此，多久的時間才算恰當呢？一般建議「一天不要超過一個小時」。也就是說，別再毫無止境地使用社群媒體和手機，一定要確實做好時間管控，才不會影響到大腦的工作效率。

長時間滑手機導致的嚴重後果

長時間滑手機		
	輸出時間↓	自我成長↓
	專注力↓、學習力↓	工作效率↓ 學校的成績↓
	大腦的工作效率↓ 健忘↑、犯錯↑	手機失智症
	手機依賴症	對工作造成影響 拒絕上學
	孤獨感↑、抑鬱↑	憂鬱症 自殺率↑

 手機只是單純的「工具」。
別讓生活被手機所支配了。

57 適當地使用手機
Use Smartphones Properly

過度使用手機甚至會提高自殺的可能性

近年來，許多研究都陸續指出「手機依賴症」的危險性。包括不小心犯錯的次數變多、愈來愈常忘東忘西等類似失智症的症狀。

「手機依賴症」的症狀包含（1）手機不在身邊就變得焦躁不安，經常手機不離身，一有時間就滑手機等心理性依賴；（2）眼睛疲勞、視力下降、肩頸僵硬、頭痛、肌肉痠痛、腱鞘炎等身體症狀；（3）情緒焦躁不安、注意力渙散、記性變差、睡眠障礙等精神症狀；（4）拒絕與人接觸、躲在房間裡不出門，導致人際關係出現障礙等溝通上的障礙。以上這些症狀，各位也有嗎？

假設手機依賴症發生在國高中生的身上，會出現日夜顛倒、學業成績變差，有時候甚至會拒絕上學。非但如此，根據美國疾病管制中心（CDC）的統計，2010年至2015年期間，美國國高中生的自殺率上升到31%，尤其女性更是高達65%。一般認為，自殺念頭和使用手機的時間有關。也就是說，**過度使用手機會提高自殺率**。

長時間使用手機會引發睡眠障礙、白天注意力和專注力下降、工作效率明顯變差等。換言之，原本應該是使生活更便利的手機，結果卻造成工作效率變差，甚至危害健康的後果。

那麼，使用手機的時間到底要多久才算恰當呢？日本人每天平均使用手機的時間為三個小時五分鐘（2018年12月資料統計）。以上一節提到的「使用手機只要超過一個小時，就會造成學生的成績變差」的數據來看，不會對健康和大腦造成影響的使用時間，應該是一個小時以下。超過四個小時就太長了，可以說非常有可能會出現手機依賴症。

手機依賴症檢測表

□吃飯時不停看手機

□和朋友在一起時也一直盯著手機看

□就算在開會或宴會中，還是忍不住拿出手機打開社群媒體

□覺得如果沒有社群媒體，自己就變得完全沒有朋友

□會為了在社群媒體發文而做某些事

□邊騎腳踏車邊看手機

□不管任何時間、地點和場合，總是不由自主地不停滑手機

□轉乘電車時也一直盯著手機看

□上廁所也帶著手機

□會拿著手機睡覺

□有時候會只帶手機出門而忘了錢包

□明明沒有收到訊息，卻產生錯覺以為手機有振動

□一有疑問立刻拿出手機找答案

□忘記帶手機出門會一整天很不安

□早上起床第一件事就是打開手機看新聞、瀏覽社群媒體

□每次只要忘記帶充電器就會忍不住買一個，導致家裡有好幾個充電器

□覺得傳訊息比講電話更能表達清楚自己的意思

程度 1	0 個	正常
程度 2	1～5 個	手機依賴症 高風險群
程度 3	6～10 個	輕度
程度 4	11～15 個	中度
程度 5	16 個以上	手機依賴症

一旦成為手機依賴症，要想治癒會相當辛苦。所以，每天滑手機超過四個小時以上的人，為了不影響到工作效率，還是努力多少減少一些手機的使用時間吧。

【減少手機使用時間的秘訣】
（1）關閉通知功能

手機的通知會打斷注意力和專注力，對大腦造成傷害。加上一有通知就確認，會使得使用手機的時間愈變愈長。因此，各位不妨關閉手機的通知功能，別再每隔十到十五分鐘就拿出手機確認。最好養成每個小時確認一次，或是休息時間以外把手機關機的習慣。

（2）別把手機帶到房間

睡前一個小時看手機，受到藍光的影響，會導致失眠，睡眠品質也會變差。只要做到不把手機帶到房間，且睡前一個小時不看手機，效果就會差很多。

（3）善用對抗手機依賴症的應用程式

iPhone有提供「Screen Time」（iOS 12以上版本），Android也有「UBhind」等應用程式可供下載。首先，透過這些應用程式可以知道自己每天花多少時間在手機的每個程式上，因此可以針對過度使用的程式來設定。只要先設定好時間，例如一天三個小時，超過這個時間，手機就會自動鎖住，變得無法使用。如果覺得全部都鎖住不方便，可以替每個程式設定上鎖的時間。由於可以自由變更設定，因此有手機依賴症的人，可以請家人透過電腦做設定，如此一來，自己就無法從手機做變更了。

（4）不隨身攜帶充電器和行動電源

我非常推薦這個方法。只要手機沒電，便無法使用社群媒體，就連接電話也辦不到，自然可以確實減少沒事就滑手機等的不必要行為。

（5）調整費率方案

　　將費率調整成容量較少的方案，以強迫性的方式限制使用時間。吃到飽方案和大容量方案都是造成手機依賴症的溫床。

　　附帶一提，我每天使用手機的時間平均是一個小時三十分。長時間使用手機會造成工作效率下降，記憶力也會變差。就算再怎麼努力做到《最高學以致用法》的方法，一切都會變成白費，各位一定要多加留意。

我常用的手機程式 前 10 名

	程式名稱	用途
1	Facebook Messenger	工作聯絡用【最常開啟】
2	Facebook	發表文章、輸出
3	相機	發表文章、輸出
4	TVer	運動中看影片【使用時間最長】
5	d magazine	移動中閱讀雜誌
6	Slack	發送工作指令
7	Voice Memo	採訪時用來錄音、備份
8	Sleep Meister	記錄睡眠狀況
9	乘換案內	外出、移動時使用
10	Google Map	外出、移動時使用

 先戒掉「沒事就滑手機」和「睡前滑手機」的習慣。

THE POWER OF
INPUT

CHAPTER6
激發所有能力的
最強學習法

LEARN

58 接觸人群
Meet People

比起「和一百個人各見面一次」，不如「和十個人各見十次面」

「人，書，旅行」——這是人類變聰明的三個必要條件。不斷接觸人群，閱讀大量書籍，多旅行，可以使人生變得更豐富。寶貴的財富，應該優先使用在這些地方。

「Lifenet生命保險公司」社長出口治明先生曾經在接受《NIKKEI STYLE》的採訪時說過以上這段話。

我也深有同感。三者中尤其是「接觸人群」，更是重要。不過，不少商務人士對這方面似乎都不太擅長。

接觸人群，建立關係，從對方身上獲得成長，同時自己也有所付出，彼此都有所收穫，一同達到自我成長。擁有這樣的「夥伴」，可以讓自我成長的速度變得突飛猛進。如果只是自己一個人關在房間裡，就算拚命地不斷反覆輸入和輸出，成長也是有限的。

透過接觸人群，很多時候也可以輕易地找到解釋自己的煩惱和課題的答案。**「接觸人群」可以說是加速自我成長的動力，同時也是最強大的輸入法。**

不過，只是見一次面是不夠的。必須透過不斷的交流，加深彼此之間的關係。因此，以下我就為各位介紹七個接觸人群時必須隨時放在心上的「交流技巧」。

（1）不停地見面

雖說是「接觸人群」，但如果只是和一百個人各見一次面，也不會有任何自我成長。因為只見一次面，彼此之間的關係不可能深入。心理學上有個說法叫作**「單純曝光效果」**（mere exposure effect），意思是「和某人愈常見面，彼此關係愈親密」。**假設有時間和一百個人各見一次面，不如和十個人各見十次面。**

（2）當場敲定下次見面的時間

在交流會等場合上，經常可以聽到「我們改天再聯絡吧」的對話。但是卻沒有人會嘗試去實現它，大家幾乎都是說過就算了。難得的「美好相遇」，如果沒有「第二次見面」，意義等同於不曾相遇。**我只要遇到感興趣的人，一定會當場和對方約定好下次的見面**。如果沒有機會單獨見面，我也會邀請對方來參加我舉辦的會議。各位如果遇到感興趣的人，就當場和對方敲定下一次的見面吧。

（3）做出付出

在一些水準比較低的交流會上，經常會遇到一些把「拜託」、「麻煩你」掛在嘴邊，只會提出要求，自己什麼都不做的「專會利用他人的人」。

只考慮到自己的收穫的人，肯定會被大家討厭。所以，各位在面對他人時，一定要先想到「付出」，而不是「收穫」。並不是要你付出金錢或東西，而是付出你的情報和知識。在自己能力範圍內做出協助與貢獻。

能夠做到「付出」的人，會得到大家的好感，和同樣擁有貢獻精神的人建立起關係。

和眾人交流

1天1小時的交流時間
➡ 一週420分鐘

和100個人交流	和10個人交流

 每個人 4.2 分鐘

 每個人 42分鐘

哪一個關係會變親密？

· 時間有限
· 交流的人愈多，關係就變得愈淺薄

（4）不需要和每個人關係都很好

和他人交流時最好避免的一種情況是，想和每個人交情都很好。就像兒歌〈友達100人できるかな〉（能交到一百個朋友嗎）所代表的意義一樣，日本的教育一直以來都主張「要和很多人、所有人關係都很好」。但這是不可能的。

人類的時間有限，與其投入大量的時間試圖和自己個性不合的人關係變好，不如多多和「自己想親近、感覺合得來」的人見面、相處。

所以，**面對不來電的人的邀約，或是沒興趣的聚餐，最好當場婉拒**。「專會利用他人的人」的邀約，更是要斷然拒絕。否則所有時間和精力都會被佔據，什麼都不剩。

（5）一對一見面相處

一對一見面可以加深彼此之間的關係。比起透過聚會的方式見十次面，不如以一對一的方式見一次面，雙方好好地交談。

聚會場合可以當成「關係變好」的第一步，不過，大家一起聊天，話題很容易就會偏離自己「真正想說的話」。以「加深」人際關係的目的來看，還是需要一對一單獨相處，而不是大家一起聚會。

一對一見面相處

一對一相處

以聚會的方式相處

哪一個關係會變親密？

（6）保持往來

有時候在一年以上的往來當中，會發現對方是自己人生中的重要關鍵人物。即便兩三次的見面，都很難深入瞭解對方。只有透過保持往來，才有辦法為彼此帶來正面的影響。

（7）找到可以一起成長的夥伴

中途遭遇挫折的人，或是無法持之以恆的人，都有一個共同點，就是「習慣自己一個人努力」。三年，或是十年的時間，一直獨自一個人努力。從腦內物質的運作方式來看，這幾乎是不可能的事。

成功達到重大目標的人，也有一個共通點。那就是他們都**擁有「一起成長的夥伴」**。如果沒有彼此支持、互相協助的夥伴，不可能一直維持幹勁、一直努力不放棄。

「接觸人群」的目的，就是為了找到可以一起成長的夥伴。

有了夥伴，成功就不遠了

一個人努力

和夥伴一起努力

哪一個會比較快抵達終點？

重新檢視自己的交友關係，
試著和今後仍想保持關係的人聯絡吧。

59 加入社團
Join Communities

出席可以遇見和自己合得來的人的場合

「接觸人群」的秘訣之一是，找到一直保持往來，擁有同樣價值觀，可以一同成長的夥伴之後，就能獲得突飛猛進的成長。這一點在上一節已經做了說明。但是，大家應該都想知道，要上哪兒才會遇見這樣的人呢？

如果每天只是往來家裡和公司，一定不可能擴展公司和工作關係以外的交友圈。你必須踏出人際關係的舒適圈，去和未曾見過面的人相遇才行。

說到認識陌生人，大家第一個想到的都是「異業交流聯誼」或「宴會派對」。我自己也參加過許多交流聯誼會和宴會派對，其中的變數非常大。除非態度相當積極，例如主動搭話、提出邀約等，否則不可能會有相遇的機會。

我建議各位可以加入「社團」。所謂的「社團」，指的是例如上班族讀書會、興趣同好會、運動同好會、線上沙龍等。文化中心和料理教室之類的才藝，也算包含在內。

加入社團的好處

1 可以和其他人保持往來。

2 大家都是擁有同樣目的、興趣、喜好的人。

3 可以很輕易地找到一起成長的夥伴。

4 可以很輕易地建立互相教授、互相協助的關係。

5 可以和主辦人關係變好。

6 （比起一次性的聚會和活動）持續參加，可以很快就見到成果。也可能快速達到自我成長。

7 得到開心的感受。

社團的優點在於，由於「目標明確」，所以「大家都是擁有相同方向的人」。換句話說，**有很大的機會可以遇見和自己相近的人，或是合得來的人。**

除此之外，大部分的社團都會定期聚會或開會，所以一定可以有實際的「保持見面」和「保持往來」。彼此之間的關係自然會愈來愈深入。

如果不想選錯社團，不妨先針對主辦人進行調查和瞭解，或是直接參加一次看看。假使覺得主辦人的人品值得尊敬，和對方相處起來「很開心」，加入之後應該也會很開心。

網路上可以找到非常多各式各樣的社團。臉書的動態消息每天也會有很多社團所舉辦的活動訊息。如果其中有感興趣的，不妨鼓起勇氣去參加看看。

如果「找不到想參加的社團」，也可以來參加我所主辦的社團（詳細請參照201頁）。

如何挑選正確的社團

1 主辦人是個值得尊敬的人。

2 社團成立的目的、可以得到的收穫很明確。而且和自己的「目的」一致。

3 持續加入一段時間後，有確實看到成果。

4 定期舉辦實際的聚會（只有網路聚會的優點較少）。

5 參與者對社團的評價都不錯（可上網搜尋大家的風評）。最好可以直接詢問參與者的意見。

6 如果是收費低廉的社團，姑且先入會觀察狀況後再做決定（不適合再退出就行了）。

 多多拓展「工作關係」和「學生時代的朋友」以外的人際關係。

60 一對一學習
Learn 1 on 1

「得到對方好感」，使學習效果發揮到最大

在「01閱讀書本」中曾提到，學習步驟的最後一步，就是「直接面對面學習」。這個部分又分成兩種模式。

一種是像研習會和演講、上課一樣，受講者有很多。另一種是一對一直接面對面聽課。

大家都知道，比起十個人一班的英語會話課程，一對一的個人課程學習效率比較好，成長的速度也比較快。同樣地，一對一課程的費用也是團體課程的好幾倍以上。

一對一直接面對面學習，雖然學習效率會變得非常高，但是相對地，也必須付出昂貴的費用。這對很多人來說，應該負擔不起。

針對這些人，我在這裡要分享一個方法，讓你可以向該領域的專家直接一對一地聰明學習，聽取對方的意見和建議。包括前輩、上司、老師、講師、專家等，所有向比自己地位高的人請教的場合，都可以使用這個方法。

（1）針對最基本的事先做好功課

我在研習會最後的交流會上，都會告訴大家「歡迎儘管提出問

輸入的階段

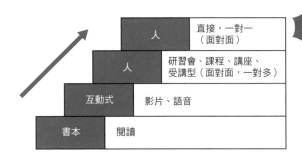

	直接，一對一（面對面）	最有效的輸入
人	研習會、課程、講座、受講型（面對面，一對多）	
互動式	影片、語音	
書本	閱讀	

題」。但是有一種問題會讓我很失望。

那就是我已經在書中提過的非常基本的問題。自己完全不做功課，在現場問出那種只要看過書就會知道答案的問題，這是非常失禮的行為。

在職場上也是一樣，拿已經寫在工作手冊上的問題特地去請教主管，當然只會得到「自己先去翻工作手冊！」的答案。提出問題是一種佔用對方時間的行為，既然如此，寶貴的提問機會，當然要問一些程度較高的關鍵問題。

（2）表現熱忱

我想所有當講師和老師的人應該都一樣，對於「有學習熱忱的學生」、「認真的受講者」，都會抱持好感。既然要教，他們就會「希望對方獲得成長」，因此，如果可以表現出充滿熱忱、踴躍提問、積極、主動學習的態度，就很有可能可以獲得他們更詳細、程度更高的教授。

（3）態度坦然

有一種人，無論你給他什麼建議或建言，他都會一一反駁，或是把「辦不到」掛在嘴邊，態度消極。

身為教授的一方，這會讓人非常失望。反駁和意見，**應該在實踐之後再提出**。一得到建議就提出，沒有伴隨著任何實際行動的反駁，只是「紙上談兵」，愈討論愈浪費時間。

「我知道了。就從明天開始試試看！」這種坦然接受建議的人，才會讓人「想多教他一些」。

（4）保持往來

保持往來可以增加彼此的親密度（參照188頁「單純曝光效果」），同時也會讓對方更想教你。

在第一次見面的場合，由於不瞭解對方，因此只能做出一般的建議。經過多次往來之後，對於對方的程度、實力、狀況等已經有了比較詳細的掌握，自然可以做出更精準、具體而實際的個別建議。

（5）提供自己的價值

在我所主辦的「網路心理學」課程當中，有一些學員會主動幫忙處理一些包括研習會的報到、場地布置之類的事情。對於這些幫忙的學員，受到心理學上所謂的「互惠規範」（norm of reciprocity）影響，會讓我產生「想回報對方」的心情。因此比起其他學員，會對他們更積極地提供建議和建言。這並非差別待遇，而是人類很自然的心理狀態。

做出貢獻，給予協助，提供價值。如此一來，感謝的心情就會成為寶貴的輸入，回饋到自己身上。

（6）將學到的東西加以實踐

如果雙方會不斷見面，「照著對方前一次的建議去做」、「實踐對方的教導」就變得相當重要。

對於剛開始嘗試經營部落格的人，我都會建議對方「最好要每天更新」。一個月後再見面時，當我問對方「你有每天更新部落格嗎？」，如果得到的回答是「根本沒有」，這時候我也只能給出和之前一樣的建議「那記得以後要每天更新」。

除非對方告訴我「我有每天更新，可是點閱率完全沒有增加」，我才有辦法給出進一步的建議，例如「你只要……就行了」。在下一次見面之前，一定要先做到對方給的建議。

如果沒有這麼做，無論得到再棒的建議，也完全不會給自己帶來成長。

（7）表達感謝

「謝謝你寶貴的建議！」「謝謝你的一席話，對我幫助很

大！」雖然至今我已經教過上千名學員，但每一次聽到別人的感謝，心裡還是會很開心。

根據正面心理學的研究顯示，人對於「感謝的話」永遠不會聽膩。就算聽到一百次，就算被感謝一百次，都還是會很開心。

所以，無論是從他人身上得到任何收穫，或是從對方的談話中得到幫助，都一定要確實向對方表達自己的感謝。這麼做會讓自己和對方變得更親密，加深彼此的關係。下回肯定可以得到更棒的建議。

付出同樣的費用參加同一場會議，有人可以聰明地得到寶貴的建議，有人卻辦不到。「請教他人的方法」，換句話說其實就是「討好對方的方法」。各位一定要試試看。

請教他人的方法

價值（幫忙、協助、貢獻）

熱忱、坦然、實踐

感謝

很認真嘛

互惠規範

良師、講師、
老師、專家

特殊情報和知識

從他人身上得到的建議，
要謙虛、確實地去執行。

61 向良師學習 1
Learn from a Mentor 1

徹底模仿「夢想成為的人」

各位有自己的良師嗎？近來以「遇見良師的方法」為主題的書愈來愈多，可是一般人對於「良師」（mentor）這個說法可能都還不是很瞭解。

所謂「良師」，意思是「老師」、「師匠」，也就是學習事物時的師匠和老師。更廣義地來說，也可以用作**「人生的導師」**、**「人生的目標人物」**。

簡單用一句話來說，就是**「夢想成為的人」**。例如棒球少年希望「我想成為像鈴木一朗那樣的人」，鈴木一朗就是他的良師。

找到自己的良師有什麼幫助呢？答案是可以**以突飛猛進的速度自我成長**。以心理學來說，這是因為「模仿」（modeling）的作用。所謂「模仿」，就是觀察對象（模範）的動作和行為並仿傚。也就是學會對方的動作和行為，觀察學習的意思。

就像嬰兒會看著父母的行為並跟著做，或是一步一步學習說話等，也都是「模仿」。

以前有一陣子，澀谷突然爆增許多髮型、化妝、穿著打扮等模仿得完全一樣的「安室奈美惠風格的辣妹」。這也是一種模仿的現象。不只是動作和行為，就連穿著打扮和唱歌的方式都模仿。想變得更像對方，而且實際上也愈來愈像。

以上班族來說，藉由模仿交出漂亮成績之人的行動和思考、徹底變成像對方一樣，交出和對方一樣的漂亮成績。這種時候，對方就是你的「良師」。

良師必須具備的條件包括「尊敬」和「想成為那樣」的想法。一旦擁有強烈的念頭覺得「自己也想變成那樣」，自然就會不由自

主地模仿對方的行為和思考，而且也可能學會。

　　假設各位找到學習或成長上的良師，雖然不需要連穿著打扮和髮型都模仿，但如果可以模仿對方的生活習慣和生活態度，最好還是模仿。

　　或是對方年輕時做過什麼？做了哪些學習、哪些練習？

　　針對這些良師的學習方法和練習方法徹底模仿。對方的著作、傳記和自傳等，都可以作為你的參考。

　　「學習」的語源是「模仿」。換言之，**模仿就是學習的第一步**。

良師＝模仿「夢想成為的人」

模仿

我每個月會讀30本書

透過模仿憧憬對象加速自我成長

閱讀良師的著作和部落格，
找出自己可以模仿的重點。

62 向良師學習 2
Learn from a Mentor 2

直接去找你覺得「好厲害！」的人

我的良師是電視節目《金曜ROADSHOW！》的解說員，影評家荻昌弘先生。另外來有英雄奇幻小說《豹頭王傳奇》的作者栗本薫老師。

荻昌弘先生是帶起日本美食熱潮的先行者，同時也是將「玩樂」當成「工作」的先驅。從這個角度來說，透過三分鐘的影片解說煩惱，將電影、美食、旅行結合「工作」的我的生活態度，和荻昌弘先生的生活態度可以說是如出一轍。

我在高中時讀過栗本薫老師的一句話：「我每天如果沒有寫上二十張稿紙，就會覺得渾身不對勁。」那時候我不解「要怎麼做才能每天寫出二十張稿紙？」。但是現在，我輕輕鬆鬆就可以辦到。

如今我之所以成為作家不停地寫作，除了因為讀了《豹頭王傳奇》開啟了我對閱讀的喜愛之外，也是因為模仿栗本薫老師的寫作方式。如果沒有栗本薫，就沒有身為作家的樺澤紫苑。

雖然要超越這兩位偉大的人物不太可能，但我覺得自己已經比想像的更接近他們了。如今這兩人都已經不在這個世上了，不過對於他們促使我能夠有如今這般成就，我打從心底由衷地感謝。

「擁有自己的良師」一定可以加速自我成長，而且在不知不覺間，確實地一步一步離他們愈來愈近。

經常會有人說「我沒有自己的良師」、「我找不到我的良師」。事實上，即便不停地尋求「我的良師在哪裡」，也不可能找到。因為，就算良師出現在眼前，也不會知道「這個人就是我要找的良師！」。

首先，你會覺得對方「好厲害！」「太帥了！」。接著，你的心中湧起一股強烈的念頭覺得「自己也想要那樣」、「自己也想變得像對方一樣」。假使是這樣，對方就是你要找的良師。

所謂良師，就是「自己也想變成那樣」的那個人。所以只要用心找，那個人一定存在。

透過大量閱讀，你會找到覺得「這個人好厲害！我也想這麼做」的人。或者也可以看類似《情熱大陸》之類的人物紀錄片。

一旦找到覺得「這個人好厲害！」的對象，就直接去拜訪對方。以名人來說，應該大多都會舉辦講演、研習會、活動等。

總之，請先找到你自己的良師。如果想以我作為良師，歡迎加入我所主辦的社團，就能直接和我見面了。

我主辦的兩大社團

	樺澤塾	網路心理學課程
目的	學習身為社會人必備的工作術、學習法、健康方法相關知識。並進一步做到輸出的實踐性社團。	學習如何在網路上發表文章，目標是成為講師或寫作者。
概要	2016年成立 會員人數1100人 會費1620圓／月	2009年成立 會員人數400人 會費5000圓／月
內容	每個月舉辦2場攝影大會兼交流會。 每個月提供3支最新影片，每支影片長達30分鐘。 過去120支片、時間長達60個小時無限收看。	每個月舉辦1場以學員為對象的研習會（3小時），並於會後進行交流。研習會也可透過影片收看。 過去80支影片、時間長達300個小時無限收看。
實際成果	大部分的會員都實際感受到自己的工作能力、輸出力獲得提升。包括部落格在內的，多數學員皆已透過積極的文章發表做出成果。	至今已培育出50名以上的寫作者，其中包括3名寫出十萬冊暢銷書的作家。學員中包括許多名人，成為出版界的一大勢力。
特權	每個月都能和我見面	每個月都能和我見面
詳細	https://lounge.dmm.com/detail/60/	http://kabasawa.biz/b/webshin2.html

 找到覺得「就是這個人！」之後，想盡辦法實際去見到對方。

63 瞭解自己
Know Yourself

面對自我，提高自我洞察力

這世上有各式各樣的學習，其中最應該學習的，是「自己」。**瞭解自己，探求自我**。這是追求幸福不可或缺的行為。

尚未決定自己人生藍圖的人，就像毫無目的地地航行在大海中。要在大海中任意航行，偶爾發現珍貴寶島，那是不可能的。

要想瞭解自己，一定要提高自我洞察力。自我洞察力好的人，會懂得如何控制自己的情緒和感受。如果可以很快地察覺「自己現在很焦躁」，應對上也會變得比較容易。

只要能夠透過自我洞察知道自己的缺點，就能夠克服。同樣地，知道自己的長處，也能加以發展。換言之，**要想加速自我成長，就必須提高自我洞察力，「瞭解自己」**。

自我洞察力好的人，也比較不容易罹患精神方面的疾病。即便遭遇了，也能夠在狀況尚未嚴重時察覺，不至於受到太大的影響。患有精神疾病的人，很多都是自我洞察力較低的人。因此，藉由提高自我洞察力，或許就可以得到治癒，預防疾病再次找上門。

【提高自我洞察力的方法】
（1）閱讀哲學、宗教、歷史、人生態度相關的書籍。
（2）閱讀深入描寫人的心理層面的書籍。
（3）欣賞感動人心的電影。

藉由「面對自我」的輸入，為自己製造自我洞察的機會。接下來：

（4）將自我洞察的結果寫成文字，從客觀的角度重新檢視。
（5）寫日記。

透過這些「面對自我」的輸出，自我洞察會變得更深入。

尤其「寫日記」是非常有用的方法。將每天發生的事寫在部落格上，也是很棒的一種日記。也可以：

（6）挑戰新事物。

（7）旅行。

　　因為，實際嘗試新的事物，才會知道這適不適合自己？對自己來說是快樂？還是痛苦？

　　「瞭解自己」不是一件容易的事，必須花一輩子去進行。或許我們也可以說「人生就是一趟『瞭解自己』的旅程」吧。

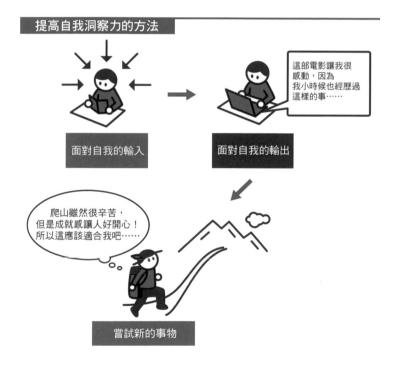

提高自我洞察力的方法

這部電影讓我很感動，因為我小時候也經歷過這樣的事……

面對自我的輸入

面對自我的輸出

爬山雖然很辛苦，但是成就感讓人好開心！所以這應該適合我吧……

嘗試新的事物

停下來思考自己喜歡什麼？會被什麼所感動？

64 從病痛中學習
Learn from an Illness

病痛是提醒自己注意的「警訊」

生病的人都會感到難過和痛苦，覺得「為什麼這種事會發生在自己身上？自己為什麼會這麼不幸？」。這種自責及後悔的念頭，不僅會讓自己壓力愈來愈大，導致病情惡化，對治療也毫無幫助。

當病痛找上自己時，應該要做的，是**接受它，而不是責怪自己或他人**。接下來，面對「為什麼自己會生病？」的問題，找出自己的答案。換言之就是「從病痛中學習」。

雖然有些疾病原因不明，但生病（尤其是心理疾病）大多是因為自己的行為和生活方式，例如精神方面的壓力、人際關係問題、工作太忙缺乏休息、睡眠不足、運動量不足等。如果不多加留意並加以修正，即便透過住院和吃藥治療，病痛遲早會再找上門。

病痛是身體對我們發出的「警訊」。告訴我們「身體和心理都已經累壞了，要是繼續勉強工作，一定會倒下。現在身體已經就快撐不住了」。是為了避免大事發生，透過各種症狀提出的「警訊」。

我自己以曾經歷過相當嚴重的病痛。剛當上醫生的前幾年，我每天早上先是門診，下午開始還有病房的巡視，甚至有時候半夜還會被叫到急診。有時一天工作超過十四個小時。

有一天，早上一起來我突然覺得一股強烈的耳鳴。狀況一天比一天惡化，到最後我一邊的耳朵幾乎已經聽不到聲音了。我急忙到耳鼻喉科就診，結果被診斷出「突發性耳聾」。

耳鼻喉科的醫生告訴我：「如果不管它，也有可能以後再也聽不到聲音了。」深受打擊的我，開始改變過去以工作為主的生活方式，決定用自己的方式去生活。我減少飲酒，確保睡眠充足。很幸運的一個星期後，耳鳴的症狀消失了，恢復了以前的聽力。

可能失聰的臨界點，讓我學到什麼是健康，以及預防疾病的重要性。現在我之所以透過書本和YouTube不斷傳達「疾病預防」的知識，全都是因為當初的這個體驗。

病痛是身體發出的「警訊」，為的是提醒自己「注意」和「學習」。只要可以「從病痛學習」，那將會成為你人生的轉折點。生病就是自我成長和自我改變的最好機會。

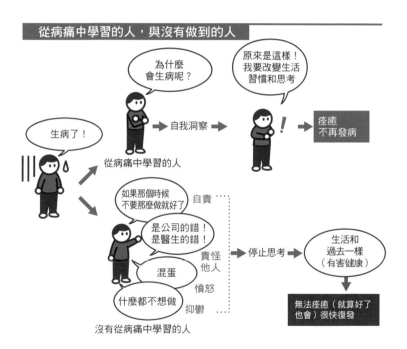

從病痛中學習的人，與沒有做到的人

為什麼會生病呢？

原來是這樣！我要改變生活習慣和思考

生病了！

自我洞察

痊癒不再發病

從病痛中學習的人

如果那個時候不要那麼做就好了　自責……

是公司的錯！是醫生的錯！

混蛋　責怪他人

什麼都不想做　憤怒

抑鬱……

停止思考

生活和過去一樣（有害健康）

無法痊癒（就算好了也會）很快復發

沒有從病痛中學習的人

 不責怪生病的自己，
接納病痛給自己帶來的訊息。

65 從歷史學習
Learn from History

從成功和失敗的寶庫中得到最大的學習

大家都說「上班族要從歷史學習！」「歷史會告訴我們成功的法則！」。雖然這麼說，但是對歷史沒有興趣的人，恐怕根本不知從何開始。

因此，以下我就要為各位介紹「從歷史學習的好處」，以及「學習歷史的方法」。

【從歷史學習的好處】
（1）提升商務能力與綜合能力

歷史是解答疑惑的寶庫。學習歷史，就是追究「為什麼？」。最後養成自己的分析力、邏輯思考能力、假設驗證的能力，以及解決問題的能力。不只是被動地閱讀歷史書籍，更重要的是主動參與，例如自己思考假設，為了收集證據而廣泛地閱讀等。

此外，也可以透過學習偉人的生活態度，獲得「綜合能力」、「做人的道理」、「生活態度」、「人生哲學」等。

（2）從失敗中學習成功法則

歷史是成功和失敗的寶庫。在日本兩千多年的歷史當中，記錄著所有的「成功」和「失敗」。好幾千人的詳細案例分析。無論是成功或失敗的模式，全都寫在歷史中。

（3）找到鬥志

歷史上的人物和偉人，幾乎都可以作為自己的良師。如果覺得「自己也想像坂本龍馬一樣成為改變社會的推手」，你的思考和行為模式就會一步步愈來愈接近他。

不僅如此，閱讀最喜歡的歷史人物的漫畫和小說，或是電視劇和電影，都會使人充滿鬥志。也就是感到振奮，覺得「自己也要加

油！」「也要做大事！」。

【學習歷史的方法】

（1）找出自己喜歡的時代和國家、欣賞的人物

（2）從漫畫、小說、電影、電視劇開始入門

（3）閱讀真正的歷史書籍和解說類書籍

（4）探究解答（設定假設，進行驗證）

（5）走訪實際地點

先找一本有關自己感興趣的時代，或是某個歷史人物的書來讀吧，以此作為學習歷史的開始。請各位一定要試著踏出第一步。

學習歷史的方法

找個喜歡的時代、國家、人物，開始一步一步深入

看電視劇和電影

龍馬外出

閱讀書本（漫畫、小說、歷史解說）

走訪歷史地點

 找一部由喜歡的演員演出的歷史電影來看吧。

66 參加檢定
Take an Exam

開心學習的最強大腦訓練術

最近日本掀起「學習」熱潮。「漢字檢定」、「簿記檢定」、「英語檢定」等，數百種檢定琳瑯滿目。

過去我很看不起這些檢定，認為那不過是某些協會賺錢的工具。不過，在實際接觸之後，我完全改觀了。

參加檢定是一件很開心的事。其實我從2014年開始，連續三年參加了「威士忌檢定2級」、「威士忌檢定1級」，接著又參加「Whiskey Expert」、「Whiskey Professional」等一共四項的檢定，而且都拿到了合格證書。

一開始只是抱著輕鬆的心情參加，想說「試試自己的能力去考考看吧」。不過，我驚覺自己對於最喜歡的威士忌，竟然連製造方法等完全一無所知。後來為了準備檢定，我投入學習，漸漸地對威士忌愈來愈瞭解，才發現它真正的魅力。

高中、大學的入學考，或是踏入社會之後的證照考試和晉升考試等，由於目標明確，念起書來也會很有幹勁。合格與否，結果都足以改變人生。但是當年過四十以後，就幾乎沒有什麼機會為了準備某項考試而拚命念書了。一般人都以為「人的記憶力會隨著年紀衰退」，但其實這是錯誤的觀念。

因為沒有使用，所以當然會衰退。最新的腦科學研究發現，只**要確實地持續鍛鍊「記憶力」，就算到了六十歲或七十歲，大腦也一樣充滿活力**。不過，人到了某個年紀之後，就幾乎不再有機會念書鍛鍊「記憶力」了。

並不是每個人都可以當下就爽快地決定要「參加檢定」。大部分的檢定都有難易度的分級，例如從4級到1級，或是分為初級、中級、高級。這是個很好的分級制度。以4級的程度來說，只要稍微念點書，每個人都可以參加。1級就需要相當的努力程度才行了。這種

「有點難度」的難易度，正好可以促使大腦分泌多巴胺。多巴胺可以提升鬥志，同時也是和學習有直接關係的一種大腦物質。

　　培養興趣能夠讓人快樂地深入學習，刺激大腦，達到強化記憶力的作用。得到一舉四得的鍛鍊大腦的效果。附帶一提，感到「快樂」的同時，表示多巴胺已經開始分泌。現在坊間有數百種不同的檢定，各個領域都有。各位一定可以找到符合自己興趣的檢定。「學習」是一輩子的事。年紀愈大的人，更應該參加檢定。因為檢定就是最強的大腦鍛鍊術。

參加檢定的好處

1. 找到學習目標
2. 可在短時間內達到記憶力的鍛鍊
3. 對該興趣的領域愈來愈感興趣
4. 刺激好奇心
5. 找到自信
6. 對自己感到驕傲。有助於找到自己的定位
7. 得到他人的肯定。被尊重的需求獲得滿足
8. 促使大腦分泌多巴胺
9. 人生變快樂

通過檢定的方法

（1）研究考古題	只要可以把過去五年份的考古題全部練習得滾瓜爛熟，一定可以順利通過檢定。總之就是好好地練習考古題。掌握出題方向，練習到可以成功應付所有類似的考題為止。
（2）參加應考講座	如果有針對檢定的「應考講座」，最好要參加。近來的應考講座包括最新資訊等，內容都相當完整，可以讓人做好萬全的準備去應考。

 針對自己的興趣，
找找看有沒有相關的檢定考。

67 考取資格證照
Get a Qualification

比起「資格」，關鍵在於「資質」

「想累積工作經歷」或「想增加收入」的人，第一個想到的方法，應該都是「考取證照」。

考取證照真的可以累積工作經歷嗎？對就業、二度就業、轉換跑道會有幫助嗎？可以增加收入嗎？這些都需要稍微謹慎思考才行。因為，我有很多朋友和認識的人，好不容易考取證照，最後卻完全派不上用場。

如果各位打算考取任何證照，請先去請教三位已經擁有該證照者的經驗。包括問對方「你覺得值得去考嗎？」「考取之後，對累積工作經歷和增加收入會有幫助嗎？」。我想應該可以得到相當寶貴的意見。

假如身邊沒有人擁有該種證照，不妨找個異業交流會去參加看看。很多人都會在名片上列出自己的證照，應該可以很輕易地得到你要的意見。

以結論來說，**就算有了證照，要想輕鬆累積工作經歷或增加收入，恐怕不簡單**。在現在的時代，甚至有人擁有「律師」資格，收入卻還是不高。

有些人可以憑著理財顧問（FP）的資格賺大錢，但也有人資格完全派不上用場。到最後，比起「資格」，「資質」才是最重要的。也就是自己是不是夠努力。

資格是一種「武器」，如果不努力善加利用，對於工作經歷和收入不可能會發揮任何作用。

因此，「考上資格證照就能增加收入」，這種想法根本不對。如果是為了自己「想做的事」、「想實現的夢想」而需要這份資格

證照，當然就要想辦法考取。

相反地，如果是以「累積工作經歷」或「增加收入」為目的去考證照，最後可能會因為無法得到預想中的效果而感到後悔。

「考取證照有助於就業和二度就業」。這應該只是遠距教學補習班的洗腦說法吧。有幾個國家資格，確實對就業有所幫助，但想要考取都非常困難。

我想就和「參加檢定」一樣，只要把考取資格證照當作「念書的機會」和「鍛鍊記憶力」、「鍛鍊大腦」來準備就行了。

只不過，有些資格證照會需要花費好幾百個小時的念書時間，甚至要花好幾十萬圓參加講座和課程。如果有這麼多的精力和金錢，我想我應該會寧願投資在別的地方吧。

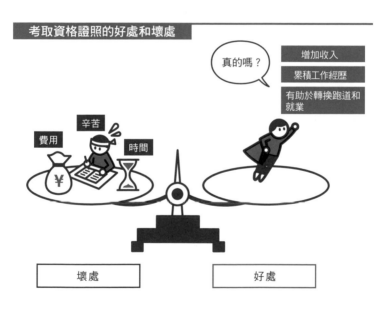

考取資格證照的好處和壞處

真的嗎？

增加收入

累積工作經歷

有助於轉換跑道和就業

費用　辛苦　時間

壞處　　　　好處

 挑戰之前先確定是不是自己真正需要的資格。

68 學習外語
Learn a Language

應該鍛鍊的是「和外國人打成一片的能力」

曾經有人問我：「在接下來的高科技時代，有了厲害的即時口譯手機軟體，我們還需要學外語嗎？」

如果只是為了「傳達意思」，「有即時口譯軟體就夠了」的說法當然成立。不過，我認為語言的目的應該是「溝通」才對。

雖然文法多少有誤，但只要能夠透過外語，和對方打成一片就行了。比起「能否傳達意思」，「能不能打成一片」才是重點。

根據我的經驗，具備「派對聊天」程度的語言能力，對溝通會非常有幫助，也比較容易和外國人打成一片。

另一個重點是，比「語言能力」更重要的，是和外國人溝通的能力。舉例來說，如果遇到強勢的外國人向你表示抱怨，你有辦法和對方爭辯嗎？

假設外國人以一口流利的中文跟你抱怨，多數人應該都會認輸吧。原因不是出在「語文能力」，而是「溝通能力」太差。這個部分是即時口譯軟體無法彌補的。

【如何鍛鍊與外國人溝通的能力】
（1）主動和需要幫忙的外國人搭話

車站裡經常可以看到外國人拿著手機或旅遊指南，露出一臉困惑的表情。這種時候，各位不妨主動上前詢問 "May I help you？"。大部分的情況都只是不知道怎麼轉乘的而已，用英文說明並不會太難。這對訓練膽量來說是個很好的練習。

（2）多去外國人聚集的酒吧

盡量多多去外國人聚集的酒吧，例如站著喝酒的愛爾蘭酒吧。只要積極地主動找人聊天，很快就可以和大家打成一片。

（3）加入外國人的社團

在酒吧和外國人打成一片之後，說不定對方會邀請你「下次要不要來參加我們的活動？」。當然，那裡一定會有很多外國人。所以，只要和一個外國人變成朋友，就能找到打入群體的入口，加入外國人的社團當中。

（4）定期出國旅行

出國旅行由於身邊全是外國人，可以同時訓練「語文能力」和「與外國人溝通的能力」。建議可以嘗試自由行，而非旅行社的團體旅遊。比起和大家一起，自己一個人比較容易有溝通的機會，可以訓練出不輸外國人的膽量。

重要的是和外國人溝通的能力

語文能力	≪	和外國人溝通的能力
有即時口譯軟體就夠了 （軟體還會日益進步） 最好具備派對聊天的程度 （自我介紹、基本問題的對答）		・（面對外國人）不會緊張 ・（面對外國人）不會覺得自卑 ・可輕鬆自在地（和外國人）交談 ・可以（和外國人）打成一片 ・（面對外國人）不會認輸 ・瞭解對方國家的文化和習慣，懂得設想

比起說得一口流利外語，更重要的是「打成一片的能力」

 看到需要幫忙的外國觀光客，
立刻主動上前提供協助。

69 學習心理學
Study Psychology

最困難的「心理諮商師」工作

很多人都有「想學心理學」的念頭。此外，日本在2018年開始舉辦國家資格的「公認心理師」考試，這也促使了更多人想成為心理諮商師。

重點在於，「為什麼想學心理學？」如果是因為「想幫忙他人得到治療」也就算了，但是，實際上有很多人是為了「想解開自己過去或小時候受過的心理創傷」。

換言之就是「想治癒自己」。但問題是，要客觀審視自己非常困難，在心理學上，「自我治癒」是極度困難的一件事。並非大學或研究所學過心理學，就可以解開自己的心理創傷。

假設帶著創傷成為心理諮商師，可能會對和自己類似創傷的病人過度投入，導致無法客觀面對。也會嚴重危害到病人的利益，有時候甚至害對方變得更加惡化。

想療癒自我創傷的人，比起成為心理諮商師，最好是先接受心理諮商才對。

心理諮商師是個給予人支持和療癒、相當有意義的職業。只不過，一直接收病人的負面想法，很多時候會對自己的心理造成影響。而且壓力也不小，以心理層面來說是個艱難的工作。

大學沒有修過心理學相關課程的人，要從毫無基礎成為「公認心理師」，相當困難。大學四年加上研究所兩年（另外還有兩年的實習），要想得到考試資格，就得花上六年的時間。

大學畢業的人可以透過插班的方式考進心理學系「大三」的課程，等於大學念兩年，加上研究所共計四年。接著就一定要通過國家考試才行（及格率約八成）。

這需要花費非常多的時間和金錢。如今還在念高中的人，要進

入心理學領域還有可能。如果已經出社會工作，想成為「公認心理師」，將會十分辛苦。

目前的「臨床心理師」是屬於學會資格，但由於「公認心理師」屬於國家資格，因此，今後「由公認心理師所進行的心理諮商」，非常有可能會納入保險適用範圍。一旦變成這樣，醫院也會開始增加心理師的雇用。

由於很多人都需要接受心理諮商，因此一般預估心理師的需求會大幅增加。**雖然取得資格不容易，但可以說對就業或轉換跑道將會非常有幫助。**

要當上心理諮商師很難，當上之後也很辛苦。但無庸置疑的，這是一份有意義的工作。即便如此還是下定決心想成為心理諮商師的人，希望你一定要堅持到底。

成為公認心理師的主要途徑

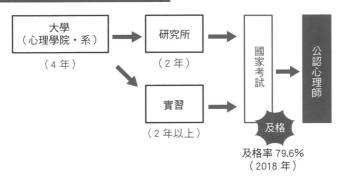

已經有大學畢業資格的人，可以插班進入大三課程，所以可能最短兩年內就修完大學學分。「空中大學」也適用於大學課程。實際上的條件等要求相當複雜，請務必自行上厚生勞動省的網站等確認詳細內容。

 想清楚「自己為什麼想學心理學」。
一旦下定決心，也要查清楚取得資格的途徑。

70 念研究所
Go to Graduate School

要念就要有心理準備會「很辛苦」

很多人大學畢業後都會想考念研究所繼續深造，或是先出社會，再一面工作一面念在職生研究所。實際上，我的朋友當中也有正在念在職生研究所的人，或是已經拿到學位的人。

以結論來說，念研究所寫論文相當辛苦，我並不建議。碩士課程還好，博士課程就更辛苦了。

我自己也經常收到許多抱怨：「完全沒想到念研究所會這麼累」、「和研究所的教授處不來，每天過得跟地獄一樣」、「被迫做和自己想學的東西完全不同的研究」。

假如念研究所對你的人生來說是必要的，當然應該去念。但如果只是一些消極的理由，例如「找不到工作，乾脆去念書」、「還不想出社會工作」等，事後大多會後悔。

應該念研究所的理由包括：（１）非常想跟著某教授學習某個專業領域；（２）想拿博士學位出國留學；（３）將來想從事研究工作等。

我自己的情況是，因為想出國留學，所以拿了博士學位（論文博士，而非一般博士）。當時每天工作結束之後，緊接著又做了四、五個小時的實驗，每天都是趕最後一班電車回家。一整天下來，工作加實驗就佔了約十四個小時。連續好幾年每天都過著如此地獄般的生活。不過，後來我如願去了美國留學，所以辛苦也算值得了。

在研究所，比起「學生」的身分，感覺比較像是「研究生」。也聽說過有教授把研究生當成傭人在使喚的情況。

研究所通常都有大量的「課題」。以在職生研究所來說，白天有工作，週末還要上課，到頭來只能減少睡眠時間。做研究、整理

資料寫論文（大多是英文）也需要大量的時間，對精神上是非常大的壓力。

幾年的時間，加上幾百萬圓的學費。假如「念了研究所之後後悔了」，這一切就會成為「人生巨大的損失」。

就算參加研究所的說明會，也完全不會聽到這些「研究所的辛苦層面」。大部分的人都是念了之後，才驚覺「怎麼會這麼辛苦！」。

因此，在念研究所之前，請先調查清楚。如果可以，直接向自己想念的研究所的研究生或畢業生請教。或是其他的大學也可以，向有念過研究所的人請教意見。也可以上網搜尋大家的風評。對於教授和指導教授的研究內容，也要徹底調查清楚。指導教授的著作和論文，更是一定要讀。

對你的人生而言，念研究所真的「100%必要」嗎？

毫不猶豫就能回答「YES」的人，就請抱著「很辛苦」的心理準備去念吧。因為，透過研究發現學問的有趣之處，將會帶給你不同的特殊感受。

對你的人生而言，念研究所真的「100% 必要」嗎？

辛苦　費用　時間　想做的研究　想從事的職業

絕對不能以「消去法」決定念研究所。
一定要事先徹底調查清楚。

CHAPTER6 LEARN

71 玩樂
Play

「主動娛樂」能帶來自我成長

玩樂可以算是「輸入」嗎？

除了「開心」、「好玩」之外什麼都沒有的玩樂，不能算是輸入。不過，如果玩樂可以得到「發現」，帶來「自我成長」，就能算是有用的輸入。

娛樂分為兩種。提出心流概念（Flow）、專注力研究的世界權威米哈里・契克森米哈伊（Mihaly Csikszentmihalyi）教授，將娛樂分成**「被動娛樂」**和**「主動娛樂」**兩種。

看電視、玩電玩、滑手機等幾乎不會用到專注力，也不需要任何技巧的，屬於「被動娛樂」。閱讀、運動、桌遊（西洋棋和將棋）、樂器演奏等，需要專注力和設定目標、提升技巧的，屬於「主動娛樂」。

長時間從事「主動娛樂」的人，比較容易進入心流狀態（幾乎忘記時間存在的高度專注）。相反地，經常從事「被動娛樂」的人，很難進入心流狀態。

契克森米哈伊教授提到，發揮能力的心流體驗會使人成長，被動娛樂則不會帶來任何好處。主動娛樂可以訓練提高專注力，帶來自我成長。相對地，被動娛樂什麼都沒有，只是浪費時間罷了。各位希望將自己寶貴的自由時間用在哪一個上呢？

不過，同一項「娛樂」，隨著自己的方式，可能是「被動式」，也可能變成「主動式」。例如看電影，如果看完只是覺得「真好看」，就是被動娛樂。如果抱著要有所收穫的心態專心欣賞，看完之後做出輸出，就屬於主動娛樂。

就我的興趣「威士忌」來說也是一樣。如果只是單純地喝，把自己喝醉，覺得「真好喝」，就只是被動娛樂。倘若集中注意力在

酒的香氣和味道上仔細品嚐，並且將結果寫在品嚐筆記上。甚至為了威士忌檢定考努力學習，那麼很明顯地，這種行為就屬於主動娛樂。

「提高專注力」、「設定目標」、「提升技巧」。只要符合這三項條件，就會變成「主動娛樂」。

同樣的「玩樂」，是被動式還是主動式，根據方式不同，「娛樂」也可能變成有效的自我投資、自我成長的機會。

被動娛樂和主動娛樂

被動娛樂	主動娛樂
看電視、玩電玩、滑手機	閱讀、玩桌遊（將棋、圍棋、西洋棋）、演奏樂器、跳舞、運動
不需要專注力和技巧（累的時候也能進行）	需要專注力、設定目標、提升技巧
不容易進入心流狀態	容易進入心流狀態
導致專注力降低	訓練提高專注力
不會帶來自我成長	加速自我成長
浪費型娛樂	自我投資型娛樂

參考資料：根據《心流：高手都在研究的最優體驗心理學》
（米哈里．契克森米哈伊Mihaly Csikszentmihalyi）修訂

 既然要玩樂，就讓它變成主動娛樂。
設定好目標，徹底去達成吧。

72 聰明地玩
Play Well

將玩樂計畫「寫下來」，更容易實踐

　　日本人都不擅長玩樂。比起「玩樂」，通常都以「工作」優先，自己親手讓每一天變得不快樂。

　　隨著《工作型態改革相關法案》的實施，長時間加班成了禁止。由於法案中也明訂了相關罰則，所以日本人的工作時間，今後只會愈來愈短。

　　於是，自由的時間變多了。但是，這個自由的時間該如何運用呢？是悠閒懶散地過呢？還是做些主動娛樂帶來自我成長呢？「聰明地玩」，變得比過去更重要了。

　　「玩樂」可以讓人身心感到煥然一新，如果沒有這種感覺，會影響到工作效率變差。換言之，**懂得聰明地玩的人，做起事來會更有幹勁，長期下來可以交出漂亮的成績單。**

（1）把玩樂計畫寫在行事曆上

　　如果計劃要玩樂，決定的當下就立刻寫在行事曆上。出國旅行之類計畫，就算確切的日期未定，但還是可以暫時寫上大概的日期，暫定在行事曆上。如果是「重要的玩樂」，就要優先把計畫確定下來。

　　常常會有人因為「突然有工作要做，所以不能出國」。其實，把工作帶進行事曆上的人是「你自己」。原本可以拒絕的工作，結果卻自己犧牲了「玩樂的機會」和「讓人生變快樂的機會」。

（2）列出玩樂的待辦清單

　　我通常會在月行事曆上，將當月「想看的電影」全部寫下來。每天早上在列當天的待辦清單時，就會把玩樂的待辦事項也寫上去，例如「19點～電影《波西米亞狂想曲》」。

　　只要列出玩樂的待辦清單，就可以大幅提高實現該項「玩樂」的機率。

　　舉例來說，假設寫下「19點～電影《波西米亞狂想曲》」，就必須在18點半結束工作，19點趕到電影院。於是，大腦會分泌正腎上腺素來提高工作效率，讓工作在18點半順利結束。

　　如果只是想著「等工作做完之後再去看」，大腦不會感到緊張，等到工作結束都已經超過19點，電影也看不成了。

　　我的月行事曆上，也會在每部電影上映日的日期寫上「想看的電影」。透過這樣，可以讓錯過電影的機率減少到一半以下。

　　利用「行事曆技巧」和「待辦清單」來做時間管理，不要分什麼「玩樂」和「工作」。這就是聰明玩樂最大的秘訣。大家應該對玩樂要更貪心才對。

寫下所有「玩樂計畫」

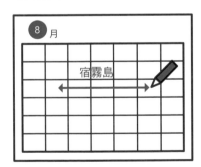

透過寫下來，實現的機率會變高

把下次連假想做的玩樂寫在行事曆上吧。

73 外出旅行
Take a Trip

開拓視野，得到更多感動之後，人生就會改變

大家都說「旅行使人成長！」「旅行可以改變人生！」。真的是這樣嗎？

我每年都會安排六個星期的國外旅行，以及四個星期的國內旅行。一年有兩個月以上的時間都在「旅行」。

以下是熱愛旅行的我所認為的「旅行的七大優點」。

（1）獲得發現和學習

旅行所看到的是不同的語言、不同的文化，以及不同的世界。可以從擁有不同生活態度、人生、生活習慣的人身上，得到許多發現和學習。

（2）視野和價值觀變得更開闊

觀察自己不瞭解的世界可以拓展視野。認識不同價值觀的人，也會讓自己的價值觀變得更開闊。

（3）抗壓力和危機管理能力變好

旅行一定會遇到問題，例如忘記東西、遭小偷、搭不上飛機、遺失行李。藉由妥善面對這些問題，可以提升抗壓性。**問題處理得宜，還能提高危機管理的能力**。

（4）獲得感動

看到美麗的風景、吃到美味的食物、邂逅他人的親切和無憂無慮的笑容……旅行會帶來一連串的感動。而感動會改變一個人，使人成長，改變人生。

（5）加深感情

一起旅行由於長時間的相處，可以加深彼此之間的關係。所以，大家不妨可以夫妻、親子、朋友、男女朋友等，和自己「想關係變密切的人」一起去旅行。

（6）瞭解自己國家的優缺點

每次出國旅行，我都會發覺「日本的好」，覺得全世界沒有一個國家像日本一樣治安好、安全又乾淨。但是相反地，我也會看見「日本的不好」，包括「擁擠的電車」、「以工作為重的生活」等。旅行除了可以得到讓我們的生活更美好的靈感之外，也會讓人**對自己每天的生活抱持感謝，覺得「生活在自己的國家真好」。**

（7）獲得成長，改變人生

綜合以上這麼多優點，**旅行除了可以得到許多感動之外，也會得到許多「發現」，帶來自我成長。**有時候甚至可以經驗足以改變人生的震撼體驗。

當然，旅行也需要做到輸出。各位要不要也試著來趟旅行，改變自己的人生呢？

去旅行吧

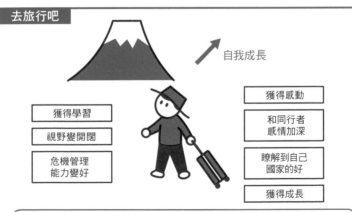

自我成長

獲得學習

視野變開闊

危機管理
能力變好

獲得感動

和同行者
感情加深

瞭解到自己
國家的好

獲得成長

 搜尋想去的地方有什麼旅遊行程，
加深對旅行的憧憬吧。

74 國內旅行
Take a Domestic Trip

即便是「搭電車只要半小時」的車站，也會有收穫

　　根據外務省的調查，日本人持有護照的比率是24%。竟然每四個人當中有三個人沒有出國的經驗。但是，就算是「沒有時間和金錢出國旅行」的人，還是可以在國內旅行。

　　以下我為各位分享透過國內旅行，邊玩邊深入學習的四大技巧。

（1）趁著出差順道觀光

　　在臉書上可以看到很多人會到北海道或九州做當天來回的小旅行。這讓我十分驚訝。每次我到外地出差，如果是第一次造訪的地方，大多會住上兩晚。因為，都已經花了「時間」和「金錢」到那裡了，如果只是工作就當天來回太浪費了。

（2）請當地人帶路

　　一個人到處逛當然也很自由，但是如果可以的話，最好是拜託當地人帶路，**可以得到觀光指南上絕對看不到的收穫**。包括只有當地人才知道的景點、當地的文化、獨特的生活方式和思考模式、習慣等。不只是逛觀光勝地，接觸當地的文化和歷史，也是旅行的樂趣之一。

（3）跟著專家玩

　　前陣子，我在神社開運顧問白鳥詩子的帶領下，一天內走訪了東京都的四所神社。在熟悉的六本木和神保町的街坊中，竟然就隱藏著氣氛舒服、讓人感到療癒的神社！根本是一趟充滿驚喜和發現之旅，得到許多只有一年走訪一百五十所神社的神社專家才會知道的資訊。

（4）到住家附近走走

　　沒有時間出國旅行、也沒有預算的人，不妨換個角度重新認識住家附近的環境。只要搭上電車三十分鐘，沿途就盡是從沒造訪過的車站。沒有逛過的商店街、神社、寺廟、公園、自然景點等，多到數不清。

　　到沒去過的地方走走，可以促使大腦分泌引發「靈感」的神經**傳導物質乙醯膽鹼**，所以也可以算是一種「想像力」和「創造力」的鍛鍊。

　　只要踏出舒適圈，就會有發現和成長。

從沒下車過的車站，就會有「發現」

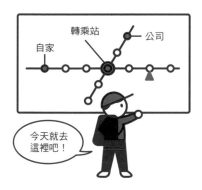

轉乘站　　公司
自家

今天就去
這裡吧！

這種地方竟然
有俄羅斯餐廳……

那邊的紫藤花隧道
這麼漂亮，竟然
大家都不知道！

 別事先做功課，挑個喜歡的車站下車走走吧。

75 出國旅行
Take an Overseas Trip

把出國旅行當成犒賞，工作會更有熱情

打從踏入社會之後，我每年會安排一次出國旅行，至今已走訪過三十幾個國家。近幾年更是一年有六個星期的時間都在國外旅行，說起來，時間算長了。以下是我每次出國旅行一定會做的事。

（1）決定旅行的主題

旅行之前，我都會決定「目的」和「主題」，根據目的收集資訊，徹底深入瞭解。例如「到蘇格蘭走訪威士忌蒸餾廠，瞭解生產威士忌的風土文化。」「給人很懶的印象的澳洲人，為什麼工作生產力比日本人還高？」「以色列為什麼自古以來一直戰亂不斷？」等。

解開自己心中的疑問、追求好奇是一件很快樂的事。擬定世界獨一無二、專屬自己的旅遊計畫，透過「編織自己的故事」，將會遇到令人震撼的感動。

（2）盡可能每天做輸出

旅行中的小小體驗，很快就會忘記。就算拍了照片怕自己忘記，但是因為每天都會有新的體驗不斷發生，很容易就遺漏了細節的部分。這樣實在很可惜。

所以，**旅行中一定要做輸出**。我就連旅行的時候，也會每天早上花一個小時的時間寫電子報。如果沒有時間寫成文章，也可以詳細記錄下感動的時刻就行了。

（3）拍攝影片

影片也具有「記錄」的意義。不過對我來說，影片是「分享」

的樂趣。因為，我想讓看影片的人也體驗到風景的美麗，或是街市的氛圍，和他們共享感動。

另外，拍影片也會讓當時的情景深刻烙印在記憶中，是加深旅行記憶最好的方法。

（4）到當地最受歡迎的餐廳用餐

既然難得出國旅行，一定要到當地最受歡迎的餐廳品嚐一番。雖然多少會比較昂貴，但是可以獲得難得的體驗。

十五年前去過的餐廳，我到現在都還會跟太太聊起「那家餐廳真的很美味呢」。以能夠得到長達十五年的共同「美好回憶」來看，多花一點錢也值得了。**「最棒的體驗」會改變人生的際遇**。最近，很多國外的頂級餐廳都可以接受網路訂位，非常方便。

（5）請當地的朋友或認識的人帶路

假如在國外當地有朋友或認識的人，也可以邀請對方一起出遊，請對方帶路。一般的導遊只會介紹觀光勝地，但是由朋友帶路，就能走訪一些和當地生活緊緊相扣的景點，或是旅遊指南裡不會看到的景點。更重要的是肯定安全。絕對可以讓旅程玩得更深入。

（6）隨機應變，有時乾脆放空

不要安排太緊湊的行程，多留一點時間，讓自己能夠隨機做更動。因為有時候會突然有想去的地方，而且出乎意料地成為深刻的體驗。在風景優美的咖啡店悠閒地度過一小時，這也是旅行的樂趣、奢侈的時間運用方法。

（7）把在當地得到的風評資訊加入行程中

事前在網路上再怎麼做功課，也得不到當地人所擁有的資訊。

在旅行途中，可以向任何人打聽資訊，例如導遊、計程車司機、調酒師、服務生、飯店人員等。很多時候也可以隨興地和對方聊起來。

（8）逛當地超市

逛超市可以對當地人的飲食一目瞭然，是研究飲食文化必備的方式。而且也可以瞭解「物價」，體會當地的生活感。在超市買「伴手禮」和「水」也會比較便宜。

（9）參加從當地出發的旅遊行程

如果不想難得出國一趟，卻幾乎沒有和導遊以外的外國人說到話，不妨可以參加當地的旅遊行程。這麼一來就可以和當地人，也就是外國人一起出遊。中午用餐都是和大家同一桌，自然會彼此交談，甚至是交換電子信箱或社群軟體。如果是在日本的旅行社報名，同團的人都只會是日本人。

（10）善用「TripAdvisor」

http://www.tripadvisor.jp/

以大都市來說，市面上幾乎都有旅遊指南可以參考，上網搜尋也能找到許多資訊。但是，國外的一些中小型都市，或是觀光客較少的城市等，相關的資訊就非常少。這種時候，內容最豐富的海外旅遊評論網站「TripAdvisor」就非常有用。

網站甚至會將英文評論自動翻譯成當地語言，非常方便。也可以很輕易地找到當地旅行團的資訊。

還有一個技巧是，只要在「TripAdvisor」上寫評論就可以得到里程數。每個月最多可以累積一千五百里程數，用心寫的話，一年就能累積一萬以上的里程數。

出國旅行需要「金錢」和「時間」，所以會促使人努力工作，做好時間管理。努力讓出國旅行夢想成真的過程，也會成為「自我成長」的動力。

多多接觸國外當地的「第一手」資訊

附近哪裡有好吃的餐廳嗎？

詢問當地人的評價

逛當地超市

參加當地的旅遊行程

請住在當地的朋友帶路

 出國旅行時要突破自我氛圍框架，
盡情地享受當地的氛圍。

76 品嚐美食
Eat Good Food

得到幸福最簡單的方法

一天當中只要能吃到一頓美味的料理，我就會覺得「真是美好、幸福的一天」。「吃好吃的東西」，就是得到幸福最簡單的方法。

中午差不多花個一千圓左右，就能吃到相當美味的料理。對美食的「堅持」和「好奇心」，就可以讓人生變得幸福。

身體攝取食物，表現出生理上的成長和精神上的變化。從這一點來看，「吃」也算得上是輸入的一種。

接下來就讓我們來想想「吃」的好處吧。

【「吃」的五大好處】

（1）變得開心、幸福

吃到好吃的東西會讓人變幸福。這是因為大腦分泌幸福物質多巴胺的緣故。吃到「高油脂」和「甜食」，還會促使大腦分泌腦內啡這種腦內嗎啡。也就是說，累的時候吃拉麵和甜食可以幫助恢復精神，這個說法是有腦科學根據的。

（2）變得有幹勁

我經常吃美食犒賞自己一天的努力。只要一想到「今天要把稿子寫完，寫完之後我就要去吃壽司！」，就會變得更有幹勁。這是因為期待犒賞讓大腦分泌多巴胺，所以才會充滿幹勁。

（3）維持健康，預防疾病

飲食過量會變胖，過度節食也會造成營養不良，危害健康。只有藉由營養均衡的飲食，才有可能得到健康。換言之，吃得健康可以預防疾病，延長壽命。為了維持健康，同時也是為**了避免疾病上身，一定要注意飲食。**

（4）提升溝通能力，關係變得更親近

光是一起用餐，就能加深家人和男女朋友之間的感情。飲食可以說是溝通的潤滑劑。另外，「飲食」的話題，例如「哪裡有好吃的店？」等，也可以讓對話變得更加熱烈。

（5）生存

「吃」就是「活下去」。「沒有食慾」、「覺得東西不好吃」，有可能是精神疾病或身體疾病的徵兆。我在問診時也一定都會問對方「最近的食慾如何？」。

一般來說，每天可以正常飲食，表示身體很健康。反之就很有可能是健康出現疑慮。

要想開心、健康地生活，「吃」是必備的。希望各位都能對「吃」投入更多熱情。

吃東西的五大好處

變得開心、幸福	提升溝通能力
變得有幹勁	
維持健康、預防疾病	生存

對「吃」投入更多熱情吧！

「吃」就是「活下去」，
所以要對吃擁有更大的好奇心。

77 到好吃的餐廳品嚐
Eat at a Good Restaurant

不被「正評」牽著鼻子走的名店發掘法

各位都是怎麼發掘「好吃店家」的呢？以下就跟各位分享「美味餐廳的發掘法則」。也包括如何分辨網路上的餐廳資訊。

（1）朋友的評價

網路上可以找到很多有關「美食店家」的資訊，坊間也有很多美食雜誌。我自己也依照這些資訊去吃過很多店家，結果好壞差距非常大。

最好的參考，是朋友的評價。和朋友一起去對方推薦的店家用餐，絕對不會失望。因為**你的朋友不論在年齡、性別、職業、喜好、金錢觀等各方面，和你都會有許多共同點**，因此，對味道的價值觀也會差不多。

（2）照片

應該很多人都有瀏覽「食べログ」的習慣。事實上，如果在「食べログ」的評論的人不多，得分就不會高。因此，得分高的店家雖然很有可能東西好吃，但是得分低的店家，並非就代表東西不好吃。既然如此，我們該從何分辨呢？

答案是根據「照片」。我上「食べログ」只會看照片。餐廳網站的照片大多是專業攝影師拍的，看起來一定都很美味。

不過，「食べログ」上的照片由於是一般人用手機拍的，會呈現「真實模樣」。**一般人拍下的「真實模樣」的照片，如果看起來很好吃，實際上吃起來也會真的很美味**。所謂料理，「從一個地方就可以知道一切」。對味道講究的店家，擺盤和器皿一定也會很講究。

（3）地點

地點不好的店家，好吃的機率通常都很高。「隱藏版名店」大多都在距離車站走路要十分鐘以上、交通不方便的地方。事實上，我自己喜歡的餐廳，也幾乎都離車站很遠。

或者，有時候雖然鄰近車站，不過卻是在巷子裡，或是隱身在大樓的四樓。這是因為距離車站較遠，或是雖然臨近車站、但地點不好的地方，房租通常比較低。房租低，**食材的成本就可以拉高，使用較好的食材**。

（4）餐廳風格

講究味道的店家，對「餐廳風格」也會很講究。不只如此，從餐廳風格可以看出老闆的個性，也可以知道這家店和自己合不合。

只要吃到好吃的東西，就會感到幸福。各位一定要盡量去發掘公司和自家附近的「美食店家」口袋名單，享受美味的幸福。

美味店家通常都藏身在「交通不便」的地方

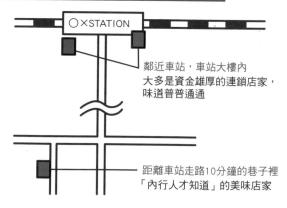

鄰近車站，車站大樓內
大多是資金雄厚的連鎖店家，
味道普普通通

距離車站走路10分鐘的巷子裡
「內行人才知道」的美味店家

 找出自己吃了就能恢復活力的最愛美食。

78 小酌 1
Drink Some Alcohol 1

適量的標準為「一天一杯啤酒＋一週兩天休肝日」

說到「吃」，很多人都會想到「喝酒」。但是，「喝酒」真的有害健康嗎？

英國馬莫特博士（Michael Marmot）曾在1981年發表研究指出，「比起飲酒過量或滴酒不沾，適度地喝酒可降低死亡率。」根據研究結果的死亡率曲線，後來大家將此稱為「J型曲線」（J Curve）。

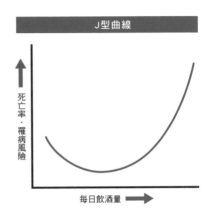

J型曲線

死亡率・罹病風險

每日飲酒量

在那之後，世界各國紛紛進行許多大規模的研究，做出支持「J型曲線」的結論。然而，最初幾年的研究發現，少量飲酒可降低風險的說法，只限於缺血性心臟病、腦梗塞、第二型糖尿病等疾病。對高血壓、血脂異常、腦出血、乳癌等疾病而言，增加飲酒量反而會導致風險變高。另外，「J型曲線」所呈現的只是先進國家中年男女的情況。諸如此類否定「J型曲線」的研究也陸續出現。

不管怎麼樣，一般都認為少量、適量的飲酒，並不會危害健康（影響較少）。不過，所謂的「適量」是多少，關於這一點也有不同的意見。

在日本厚勞省的「健康日本21」計畫指出，根據日本大規模的研究，適量飲酒的標準為「每日平均二十毫升純酒精」。這個分量相當於五百毫升的啤酒一罐。

2018年以英國劍橋大學（University of Cambridge）為主的研究顯示，不會導致死亡率上升的安全飲酒量為一週不超過五杯啤酒（五百毫升／杯）。比起過去各國設定的適當飲酒量來說，這個數字相對非常低。

就「健康日本21」的適量飲酒標準，只要每週設定兩天休肝日，就正好可以符合標準。

不會危害健康的每日適當飲酒量

啤酒
大罐 1 罐（500ml）

清酒
1 合（180ml）

威士忌
烈酒杯 1 杯（60ml）

燒酎（25 度）
玻璃杯1/2杯（100ml）

葡萄酒
玻璃杯1/2杯（200ml）

碳酸燒酒（7%）
1 罐（350ml）

參考資料：「健康日本21」（厚生勞動省）

 為了健康，喝酒要懂得「適量」，
別喝太多了。

79 小酌 2
Drink Some Alcohol 2

「睡前喝酒」是造成睡眠障礙的原因

姑且不論飲酒量的問題，睡前喝酒可以說對健康的負面影響非常大。

根據某項調查，30.3%的日本人都有喝睡前酒的習慣，大約是每三人中就有一人。很多人都以為「睡前酒可以幫助睡眠」。不過事實上，喝酒雖然多少可以幫助入睡，卻會妨礙持續睡眠，導致隔天早上起不來。睡眠品質也會明顯變差，無法消除疲勞。喝酒就是造成睡眠障礙的最大原因。

如果參加聚餐喝酒，只要間隔兩個小時後再睡覺，身體裡的酒精就差不多都代謝光了。

「飲酒量」固然重要，但更重要的是「喝酒方式」。錯誤的喝酒方式，不只會容易喝下太多，對精神方面也會造成非常大的負面影響。

很多人都以為「喝酒可以排解壓力」。其實喝酒會使得壓力荷爾蒙皮質醇的分泌增加。此外，長期飲酒會導致抗壓性降低，變得

酒精對睡眠的影響

1	多少可以幫助睡眠	○
2	影響持續睡眠（導致睡眠時間縮短）	✗
3	早上起不來	✗
4	睡眠品質明顯變差	✗
5	無法消除疲勞	✗

➡ 酒是睡眠障礙的主要原因

容易感到壓力。而且還會加劇「抑鬱」的症狀。

　　酒精會刺激大腦中抑制興奮的「GABA」神經傳導物質活化，換言之就是會有類似服用鎮定劑的效果。然而，這只是「推延問題」罷了。

　　既然如此，怎麼樣才算是「正確」的喝酒方式呢？答案就是「開心」地喝酒。達成目標時用來慶祝、犒賞。和親友一面開心聊天一面喝酒。**酒就是溝通的潤滑劑。**

　　只要謹守注意飲酒量、不要每天喝、不要睡前喝等基本的原則，開心地喝，酒一定可以讓你的人生變得更快樂、更豐富。

正確的喝酒方式

正確的喝酒方式	錯誤的喝酒方式
開心地喝	為了排解壓力而喝
用來慶祝、犒賞	為了「逃避」討厭的事情而喝
聊開心、正面的話題、夢想	邊喝邊說人壞話、滿口抱怨，聊負面性的話題
和親近的夥伴或朋友一起開心地喝	單獨喝酒
透過喝酒加深彼此的溝通	破壞溝通的酗酒（吵架、暴力、喪失記憶等造成他人的困擾）
一週2天以上的休肝日	每天喝
適量飲酒	大量飲酒，喝到宿醉
等醉意稍退之後再睡覺（減少對睡眠的負面影響）	睡前喝酒（為了助眠而喝，喝到睡覺的前一刻）
搭配水一起喝（促進酒精分解）	只喝酒

 絕對不能睡前喝酒。「開心的酒」OK。
遵守原則正確地喝酒。

80 學習廚藝
Learn Cooking

可活化大腦，訓練安排步驟的能力

「到廚藝教室學料理」是我的興趣之一。在我家附近就有一間廚藝教室，由知名的料理研究家擔任講師，每週舉辦料理課程。做好的料理可以當場吃掉，所以我和太太大約每個月會報名一次，順便當成午餐約會。

「學習廚藝」、「和大家一起下廚」，從腦科學和精神醫學的角度來說，具有非常好的效果，是非常推薦的才藝之一。

「學習廚藝」具體來說有什麼好處呢？以下我就為各位整理「下廚」的科學功效。

（1）下廚可以活化大腦

以「大腦鍛鍊謎題」聞名的日本東北大學川島隆太教授，和「東京瓦斯」公司共同進行過一項研究。他們以近紅外線光譜儀監測人在下廚時的大腦狀態，證實了下廚會活化大腦的前額葉皮質和背外側前額葉（與記憶作業和擬定行動、解決問題等相關的部分）。

研究也發現，不只是下廚的時候，擬定菜單的時候也有同樣的變化。換句話說，**透過下廚，可以讓大腦獲得刺激**。

（2）鍛鍊工作記憶、安排規劃的能力

下廚是由「切菜」、「備料」、「燉煮」、「燒烤」等好幾個作業同時進行的一項工作。換言之，必須善用大腦的作業領域——工作記憶，才有辦法井然有序地進行作業。因此透過「下廚」，可以鍛鍊工作記憶。

下廚通常都是邊做邊思考下一個步驟，**對於鍛鍊「安排步驟的能力」來說**，也是一項很好的訓練。

（3）具有預防失智症的效果

下廚結合了好幾項複雜的作業，包括將蔬果削皮、切成同樣大小等，都需要靈巧的雙手。演奏樂器、手工藝、下廚這些**與雙手的靈巧度和複雜度有關的簡單作業，對預防失智症都很有幫助**。

透過「為家人下廚」，使家人開心，得到大家的感謝。這種自我重要感獲得滿足，覺得「我對家裡（社會）有所貢獻」的心情，也具有預防失智症的效果。

（4）加深溝通

下廚可以加深彼此之間的溝通。夫妻或親子一起下廚也是很棒的一件事。

專心下廚也可以獲得「正念」的效果。另外也具備排解壓力、轉換心情等各種功效。

「下廚」可以活化大腦

先煮飯

先切菜再切肉，
才不會弄髒刀子

下廚也可以鍛鍊
安排步驟的能力

下廚也可以鍛鍊安排步驟的能力

 和家人或朋友、男女朋友一起挑戰
稍微有難度的料理吧。

THE POWER OF
INPUT

CHAPTER7

激發輸入力突飛猛進的方法
〈應用篇〉

ADVANCED

精煉化記憶法
Memorize by Refining

人人都會的「諧音」是最強的記憶法

接下來要進入輸入法的運用了。在這一章，我會教各位一些有學術根據的真正有用的輸入法。

我一再重申，「不斷反覆輸入→輸出→回饋的過程，可以帶來自我成長。」不過，實際上大腦的運用並沒有那麼簡單。大腦裡通常進行著非常複雜的作業和處理，尤其**「輸入和輸出之間」**更是重要。

大腦會將輸入的東西加以記憶，然後做輸出。舉例來說，從背單字，到考試時寫出答案，在這段期間，大腦進行了哪些處理呢？

答案是經過「背誦」（Encoding）、「保存」（Storage）、「回想」（Retrieval）等「記憶的三階段」的處理。**記下來，保存記憶，然後回想寫下來**。針對這個過程，認知心理學有非常詳細的研究。

大腦在輸入與輸出之間的過程

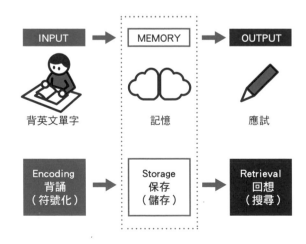

INPUT	MEMORY	OUTPUT
背英文單字	記憶	應試
Encoding 背誦（符號化）	Storage 保存（儲存）	Retrieval 回想（搜尋）

強化記憶有兩個方法，分別是「維持性複誦」（maintenance rehearsal）和「精緻化複誦」（elaborative rehearsal）。

所謂「維持性複誦」，意思就是不斷反覆記憶。像是靠著邊唸邊不斷地寫來背英文單字，就是屬於這一類。

另一方面，「精緻化複誦」是指透過資訊的附加和統合，使資訊變得更複雜，資訊量更大，藉此更容易記住。「諧音」就是最好的例子。

舉例來說，假設要背「鐵砲傳來，1543年」，不斷反覆地一面唸出聲音一面動手寫，和以「鐵砲傳來，以後預算（讀音同「1543」）增加」的方式來背，哪一個比較容易記得住？答案當然是「諧音」，也就是精緻化的方式。

更容易記住，不容易忘記，而且容易回想起來。精緻化可以說

強化記憶的兩大方法

維持性複誦

反覆
複誦

不斷複誦「1543年鐵砲傳來。
1543年鐵砲傳來。1543年鐵砲傳來
……」很難記住，容易忘記，花時間

很難記住，容易忘記，
花時間

效果差

精緻化複誦

針對情報做附加、統合。
或是追加、整理、彙整、取諧音等

鐵砲傳來，以後預算（1543）增加

容易記住，不容易忘記，
不花時間

效果好

是強化「背誦」、「保存」、「回想」等每一個記憶階段的最厲害的記憶法。

　　那麼接下來，要怎麼把精緻化活用在實際的念書和工作上呢？以下為各位整理了七個方法。

（1）附加

　　添加背景、意義、事前資料、追加資料等，增加情報量。

　　例如「種子島的島主種子島時堯，向漂流到島上的葡萄牙人買了兩把鐵砲進行徹底研究，在數年後的戰爭中自行製造出鐵砲」。

　　將老師或講師所說的追加記錄在課本或講義裡。

（2）關聯

　　和類似或同一類的其他資訊做連結，進行對照、比較。或是和自己知道的知識做連結。

　　例如「1543年，鐵砲傳來，透過葡萄牙人」和「1549年，基督教傳來，透過西班牙人」（對照、比較）。「織田信長在長篠之戰利用最新的鐵砲取得大勝」（相關情報）。

（3）換句話說

　　轉換成其他的說法或自己的說法。做重點摘要。用自己的方式說明。用自己的話向他人做說明。

（4）故事化

　　諧音。追加可以想像情景。透過以淺顯易懂的方式向他人說明，達到以故事化來記憶。

　　例如「鐵砲傳來，以後預算（讀音同「1543」）增加」、「富士山腳鸚鵡叫（讀音同根號5的答案「2.2360679」）。

（5）整理、彙整（系統化）

善用圖表。層次化。分組。

例如：自己製作圖表。整理統整筆記。善用心智圖。

（6）視覺化（雙重符號化）

善用圖片、照片和插圖。研究顯示，比起只有文字，使用圖片的記憶程度高出六倍之多。

例如：社會科的輔助教材通常都有很多照片和圖片。可以自己畫上插圖或圖畫。也具備「塗鴉」的效果。

（7）審查

針對自己所學的自問自答。陳述自己的意見和感想。以自己的方式分析、洞察。思考問題。針對疑問調查、解決。

例如：在研習會結束後寫下自己的「發現」、「TO DO」、「感想」。「提問」之類等也全部都算是審察。

在會議進行時和結束之後，寫下自己的意見和疑問。

精緻化複誦

精緻化

單一情報
比較容易忘記

豐富情報後變得容易記住，
且不容易忘記

別再「死背」了，
透過背景和相關資訊來記憶吧。

輸入之後馬上做輸出
Produce an Output Immediately after the Input

「當下」的「提取練習」可加深記憶

假設你看了一部電影。你覺得電影內容記憶最深刻的是什麼時候？答案是看完電影的當下。

在看完電影的當下，甚至連劇中的詳細台詞都會記得。經過幾個小時之後，記憶會變得模糊。到了隔天，細節的部分差不多都已經忘光了。

難得的寶貴輸入，如果不盡早做輸出，記憶會一分一秒漸漸流失。

輸出最好的時間點，就是**輸入之後的當下**。換言之，以看電影來說，就是電影結束後。如果是研習會，就是會議結束的時候。

只要看完一部感動的電影，我都會在筆記本做「全面輸出」。包括我自己的「發現」、印象深刻的場景、針對該場景的解釋、覺得重要的地方等，將大腦裡所有的東西全部都寫在筆記本上。

假如是深受感動的電影，走出電影院之後，我會立刻找張椅子坐下來開始寫。或者，有時候也會衝進距離電影院最近的咖啡店開始拚命寫。打鐵要趁熱。要做「全面輸出」就最好盡快。

把大腦記住的東西，什麼都不要看地直接寫出來。這種行為稱為「提取練習」（retrieval practice）。抄寫課堂筆記沒有什麼意義，但如果什麼都不看，單純仰賴記憶寫下上課內容，就是一種非常有效的「提取練習」，有助於加深記憶。

另外，就像各位發現的一樣，「全面輸出」包含了「附加」、「關聯」、「整理，彙整」、「審查」等所有「精緻化」的要素，因此可以得到強烈的增強記憶的效果。

參加研習會的時候，可以先邊聽邊做筆記，等到會議完全結束之後，再回過頭重新整理「發現」和「TO DO」。因為已經聽完整

場會議，所以這時候可以進一步在筆記中加上聽完之後的感想和想法、整理（精緻化）。

　　很多研習會都會在結束之後，預留約十分鐘的填寫問卷的時間。大家不妨善用這個時間，除了填問卷之外，也用來整理自己的筆記。

　　開會和討論也是一樣。結束之後馬上把想到的所有東西，全部寫在筆記上。包括「問題點」、「疑問」、「未解決事項」、「提議」等。由於十分鐘後可能又會有其他事情要忙，所以最好是在結束之後，利用幾分鐘的時間做好全部的整理（與輸出）。

激發輸入力突飛猛進的方法〈應用篇〉

看完電影之後的「全面輸出」範例

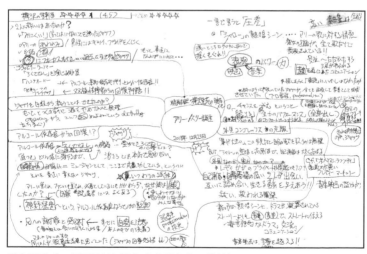

看完電影《一個巨星的誕生》之後馬上寫下的筆記

每次輸入完之後，預留「5分鐘」作為加深記憶的時間。

建立腦內情報圖書館
Make an Information Archive in Your Brain

幫助達成目標的「曼陀羅計畫表」

　　各位的大腦是哪一種呢？是「垃圾屋」？還是「整理得井然有序的圖書館」？

　　我每個月會舉辦好幾場YouTube的直播，回答現場觀眾提出的問題。事前我完全不會做任何準備，當場聽到問題之後，在三秒鐘內立刻就能做出回答。第一次見到的人都會非常驚訝。

　　為什麼我可以在三秒鐘內回答得出所有問題？答案是，因為我的大腦裡有一座圖書館。所有過去輸入過的情報，全部依照種類和內容，整齊地收在「整理得井然有序的圖書館」的各個書櫃上。所以，我可以在短短三秒鐘內，回答出所有的問題。因為我的大腦裡配備了類似Google搜尋引擎的東西。

　　如果被問到三個月前讀過的書，各位可以馬上說出答案嗎？我想應該大部分的人都回答不出來。我在前面說過要「做整理」和「留下記憶」，反過來說，如果不整理，隨便將情報塞進大腦裡，最後情報會變質、惡化，再也不能提取使用。

　　既然這樣，接下來我就教大家如何打造「腦內情報圖書館」＝神奇的大腦使用方法，讓你可以牢牢記住輸入過的情報，並且保存在大腦裡，隨時都能馬上提取使用。

　　各位可以想像在大腦裡先建立幾個不同類別的書櫃，並且替每一個書櫃標上「項目名稱」。當大腦接收到自己需要的情報時，就依照這些類別去做記憶。為此，你必須將自己需要的情報，事先全部寫下來。

　　我在CHAPTER 1曾經提過，要透過「寫」打開情報的天線。各位可以像下圖一樣，事先將所有的情報類別全部寫出來。

　　寫好之後列印出來貼在書桌前，或是拍照存在手機裡，不時拿出來看，直到全部背下來為止。只要習慣這些分類，就能不費吹灰之力地輕鬆收集情報，並且做到分類。

　　在這裡，我要教大家一個運用「曼陀羅計畫表」（mandalachart）的方法。也就是分成8大項目，每一個項目再分成8個小項目，全部共64個項目的分類方法。「曼陀羅計畫表」是一種3x3=九宮格，共填入9個項目的方法，可以運用在「達成目標」、「激發靈感」、「課堂記錄」、「腦力激盪法」等各種場合上。目前活躍於美國職棒大聯盟的大谷翔平，高中時就曾經為了實現「獲得八大球團第一指名」的夢想，因此寫了一張「曼陀羅計畫表」。後來這段故事被電視台拿來報導，「曼陀羅計畫表」因此廣為人知。

我的腦內情報圖書館

憂鬱症	失智症	睡眠	寫作參考用的腦科學	輸入與輸出的腦科學	大腦物質	阿德勒心理學	榮格心理學	正向心理學
藥物療法	精神醫學	運動	工作術	腦科學	圖片與腦科學	社會心理學	心理學	兒童心理學
生活療法	更生	一般煩惱	記憶	幸福	意識	心理學檢查	心理諮商	可作為寫作題材的心理學想法
何謂AI	在AI時代會消失的行業	機器人	精神醫學	腦科學	心理學	睡眠	運動	飲食
AI擁有自我意識嗎	AI	個人AI運用	AI	想知道的情報	健康	訓練	健康	古武術
AI的商業應用	AI服務	全新科技	電影	威士忌	美食	冥想正念	時間術時間管理	有關健康的想法
震撼人心的電影	最新電影情報	電影排行榜	新品威士忌	威士忌相關活動情報	相關旅遊團	咖哩	握壽司	新店情報
影評	電影	心理學、精神醫學	他人推薦（部落格）	威士忌	來自他人的情報	創意料理	美食	米其林餐廳排行榜
最新話題	關注的導演（大衛·林區、大衛·芬奇、克里斯多福·諾蘭）	星際大戰	酒吧	威士忌與食物	威士忌蒸餾廠	他人的部落格	想去的店	照片

首先在中間的九宮格的正中間「I」的位置，寫上這次的目的「自己想知道的情報」。接著針對想收集哪些情報儲存在大腦裡，寫出8個答案，從A以順時針的方向寫在格子裡。以我來說，寫的是「精神醫學」，「腦科學」，「心理學」，「健康」，「美食」，「威士忌」、「電影」、「AI」。

　　接下來我們先看A的部分。在A左上方的九宮格正中間「a」的位置，寫上「精神醫學」。「精神醫學」的範圍很大，先想想具體而言自己對其中哪個領域的情報感興趣，把想到的8個項目填入「a」旁邊的格子裡。我填的是「憂鬱症」，「失智症」，「睡眠」，「運動」，「一般煩惱」，「更生」，「生活療法」，「藥物療法」。

　　接著看B「腦科學」的部分。將「腦科學」填入正上方九宮格正中間「b」的位置，然後同樣在「b」旁邊的格子填入8個項目。用這個方法依序將所有格子都填滿就算完成了。

　　你已經成功寫出8個領域共64個感興趣的情報。可以將這張「曼陀羅計畫表」印出來貼在書桌前，或是拍照存在手機裡，不時拿出來看。這麼做會讓大腦打開興趣的天線，在上網瀏覽資訊的時候，或是在書店搜尋新書時，就可以馬上找到自己需要的情報。

　　閱讀情報和書籍的時候，也可改用整理大腦圖書館的方式來讀。繼續保持這種方式，你的「腦內情報圖書館」將會愈來愈充實。

　　各位務必要先花點時間，將81個格子全部填完，建立自己的「腦內情報圖書館」。

　　為了方便各位自己填寫「腦內情報圖書館」，我特地準備了空白的「曼陀羅計畫表」（http://kabasawa.biz/b/input.html），大家可以直接下載列印使用。

建立腦內情報圖書館的三大好處

INPUT

OUTPUT

| 1 開啟興趣天線，可自由收集情報。 | 2 所有情報依照類別整理、記憶 | 3 隨時都可以馬上提取情報 |

在努力做輸入之前，先把「曼陀羅計畫表」填好吧。

學習不能太貪心
Don't Overload Yourself

得到「三個發現」就夠了

「既然是一萬圓的研習會，我一定要全部聽懂才划得來。」愈是充滿熱忱、積極學習的人，問卷調查上通常都只會寫出幾行字而已。在會後的交流會上聽他們的想法，也會發現他們的理解都很淺薄。為什麼會這樣呢？

那是因為，**大腦每一次最多只能處理三個情報**，一旦超過，大腦就會無法負荷而全部忘光光。

各位或許會以為大腦的容量非常大，不過事實上，大腦一開始處理情報的入口十分狹窄，感覺就像只有三個托盤不斷交換替用。

處理情報的空間，也就是大腦的作業空間，稱為「工作記憶」，所擁有的容量非常小。

愈是充滿幹勁地想聽懂全部，大腦的塞車狀況就會愈嚴重，什麼也學不到。也就是說，學習不能太貪心。

在我的研習會上，事先都會請參加者做一張問卷調查表，第一個問題就是：「請寫下今天你最想學習的3件事」。我會在研習會的一開始花大約一分鐘的時間，請大家填寫問卷，也會告訴大家「歡迎大家今天都可以帶著3個收穫回家」。

藉由把目標鎖定在「3個發現」上，大腦會開啟「注意的天線」，提高專注力，發揮最大的學習效果。如果想著「要得到7個發現」，大腦便會負荷不了。

以前的問卷並沒有這類「目的明確化」的問題，而是在會後的問卷留下一大塊空間，讓參加者針對「請寫下今天的收穫」自由陳述。幾乎每個人都只能寫出幾行字，甚至還有人完全空白。如果輸出的量等於輸入的量，表示大家幾乎什麼都沒有學到。

兩三個小時的研習會，要全程集中專注力從頭聽到尾是不可能的事。這種「一個字都不能漏掉！」的心態，等於「從頭到尾都要非常專注地聽」，根本辦不到。

愈是告訴自己要全部聽懂，到了後半段講到重要的部分時，大腦已經疲憊，專注力下降，重要的重點於是就漏聽了。

閱讀也是一樣。必須先清楚知道自己「讀這本書的目的」，以「要得到3個發現，讀完之後做輸出」為輸入前提去讀。這麼做可以讓接下來的閱讀變得更深入，而且真的得到「3個以上的發現」。

學習不能貪心。只要可以得到「3個發現」，無論是用什麼心態學習，都可能發揮最大的學習效果。

大腦裡處理情報的托盤只有 3 個

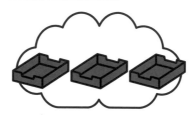

處理情報‧大腦的作業空間＝工作記憶有3個

太貪心大腦
會累壞！

「一字一句都不漏掉」是不可能的。
抓重點學習就好。

貪心學習
Overload Yourself

可持續獲得學習的「3+3」技巧

難得參加那麼昂貴的研習會，或者，一本書有兩百多頁，「最後只得到3個發現也太少了吧」。應該很多人都會這麼想吧。

請各位好好仔細地讀清楚我的意思。我說的是「大腦**每一次**最多只能處理三個情報」。「**一次**」最多3個。處理完之後，緊接著可以再處理3個。

假設現在要處理A、B、C、D、E、F共6個情報。如果想一口氣6個全部一起處理，會超過大腦「3」的容量，造成大腦負荷過重而當機。學習效果是「0」。

你必須先處理前3個情報A、B、C。結束之後，接著再處理3個情報D、E、F。然後是G、H、I。反覆用這種方式，就能3+3+3+3+……地持續學習。

在我研習會的問卷上，繼「3個發現」的問題之後，緊接著的問題是「請寫下從明天開始你打算實踐（TO DO）的3件事」。幾乎每個人都寫得出來。以前我曾經針對來參加研習會的人做過一項實驗，要求大家「請另外再寫出3個發現」，大部分的人也都寫得出來。

這就是「3+3+3」的學習。我將這種方法稱為「3+3」技巧。面對「請寫出你今天得到的學習」這種自由發揮的問題回答不出來的人，只要透過使用「3+3」技巧，就能寫出非常多的「收穫」和「TO DO」。

以下是將「3+3」技巧運用在閱讀上的例子。假設你想從本書得到大量學習。這時候，請你先忍住這貪心的念頭，等到全部讀完之後，寫下「3個發現」和「3個TO DO」。接著花一個星期的時間，徹底實踐這「3個TO DO」。

　　經過一週以後，再拿出本書重新翻閱，邊讀邊寫下另外「3個發現」和「3個TO DO」，然後花一個星期的時間去實踐。用這個方法每個星期反覆進行。本書一共提供了80個觀念，以3+3+3+3+……一次3個去實踐，只要半年的時間，就大部分都能轉化為自己的知識了。

　　隨時要把「3」這個數字放在心上。面對事情和工作一次處理3個。不要全部一口氣處理，而是分散、分開來處理。這麼做會讓你的學習效率有飛躍式的提升。只要一次三個好好地做，反覆輸入和輸出，一定可以持續獲得成長。

情報不要一次一口氣處理

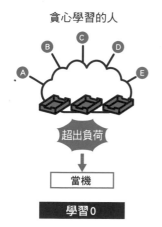

貪心學習的人

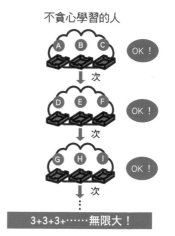

不貪心學習的人

馬上就拿筆寫下從本書得到的「3個發現」和「3個TO DO」。

善用睡前時間
Make Use of Time before Going to Bed

睡前十五分鐘是「記憶的黃金時間」

　　最適合用來做輸入的時間是早上。但是，對忙碌的上班族而言，平日早上如果要做自己的學習，除非非常「早起」，否則不太可能辦到。

　　除了早上以外，還有什麼時候是最適合做輸入的呢？答案是「睡前十五分鐘」。「睡前十五分鐘」又被稱為是「記憶的黃金時間」。

　　為什麼「睡前十五分鐘」容易留下記憶呢？

　　人在睡覺的時候，大腦會針對當天發生的事情，以及輸入的情報做整理，轉換成記憶儲存。換言之，**輸入之後什麼都不要做就直接睡覺，更容易幫助記憶**。

　　有一項研究讓人在晚上讀完書之後，距離睡前兩個小時的時間內「什麼都不做」，另一組則是「看電影」，隔天再以測驗觀察兩組的記憶程度。結果發現，「看電影」的組別成績較低，「什麼都不做」的成績比較高。

　　影響記憶固定的因素之一，是「記憶干擾」。當完成某種程度的背誦之後，如果又輸入類似或多餘的情報，大腦內的情報會互相衝突和干擾，導致原本正要固定的記憶產生混亂，影響到記憶的固定。

　　如果**什麼都不做，就不會引發「記憶干擾」**，大腦不需要處理不必要的情報，能夠直接轉換成記憶。

　　舉例來說，有些考生會覺得「今天念了一整天的書，趁著睡前三十分鐘，來看點電視吧！」「玩個三十分鐘的電玩再去睡覺！」。以記憶的運作方式來說，這是最糟糕的「睡前」模式。

　　大家可以利用刷牙洗臉完的睡前時間，複習你最想記住的「最重要的重點」。把原本一直背不太起來的東西拿出來再看一次，然

後直接睡覺。這時候，不可思議的事情就會發生。等到隔天一早醒來，會發現睡前「背的那些內容」全都記在腦海裡了！

「記憶的黃金時間」等於「輸入的黃金時間」。只要可以善加運用，就連背不起來或記不住的東西，也能輕輕鬆鬆就記在大腦裡了。

為什麼善用睡前 15 分鐘可以幫助記憶？

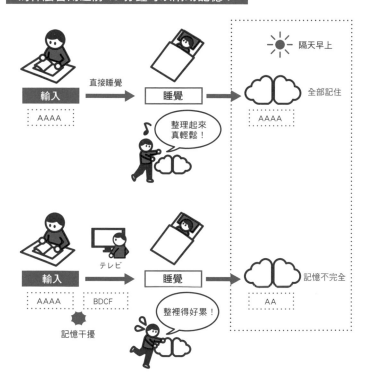

 將手機和電視全部撤出寢室，
養成「睡前在寢室輸入」的習慣。

提升記憶力
Improve Your Memory

藉由「一週運動兩次以上」提升記憶力

「雖然已經知道各種輸入的方法，但是由於本身的『記憶力』很差，輸入的時候都很辛苦」。各位當中也有這種人嗎？事實上，即便各位的年紀已經超過四十歲，不，就算是超過七十歲，記憶力還是有救。

方法就是「運動」。運動可以提高記憶力。而且不只是記憶力，許多大腦功能都可以靠運動獲得提升。包括專注力、選擇性注意力、執行能力、解讀能力、運動功能、工作記憶、創造力、發想力、動力、智力（學業成績）、IQ（智商）、野心、抗壓力等。

簡單來說就是，運動會讓頭腦變好。

【提升記憶力的具體運動方法】

（1）運動種類

可以刺激大腦、讓頭腦變好的運動是「有氧運動」。也就是健走、跑步、慢跑、騎自行車、游泳、有氧舞蹈等。有氧運動尤其可以促進大腦海馬迴分泌BDNF（腦源性神經滋養因子），促進記憶所需的齒狀迴顆粒細胞的新生，提升記憶力。

（2）運動時間

一週合計兩小時以上的有氧運動。只要維持一星期數次，每次四十五至六十分鐘以上的運動，就能達到鍛鍊大腦的效果。如果沒有完整的時間運動，也可以每天抽空十五分鐘運動，達到「一週兩小時以上」，就能見到某種程度的效果。

（3）持續時間

只做一次十分鐘的運動，雖然也可以提升記憶，可是效果不會持久。必須持續一至兩個月的運動習慣，才能維持增強記憶的

效果。

（4）運動強度

運動強度建議以中強度（心跳加速、呼吸稍喘的程度）最適合。邊聊天邊將跑步機的速度加快，直到無法像平常一樣說話的程度，就是「中強度」的運動。

（5）複雜的運動比單純的運動效果好

同樣是運動，「單純的運動」對鍛鍊大腦來說效果比較差。相反地，「邊用腦邊運動」的大腦鍛鍊效果比較好。與其跑跑步機，到戶外效果更好。另外像是動作不斷改變的有氧舞蹈，或是需要臨機應變和變化的武術，鍛鍊大腦的效果也非常好。

提升記憶力的運動方法就是，**每週兩小時以上的中強度有氧運動，而且愈是複雜的運動，習慣持續得愈久，效果愈好**。從今天開始，大家一起動起來吧！

運動讓頭腦變聰明

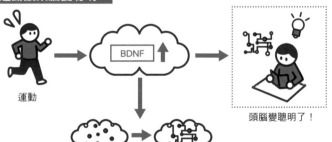

運動

BDNF

頭腦變聰明了！

建立大腦的網絡！
・大腦進化！・記憶力變好!!

 為了提升記憶力、維持健康，趕緊動起來吧！

CHAPTER7 ADVANCED

善用運動中的時間
Memorize while Exercising

腦科學唯一贊同的「同時進行」輸入

我在前面的內容提過，邊看電視或邊聽音樂之類的「邊做……」，都會造成念書或工作的效率變差。不過，唯獨有一件事可以做的，就是「邊運動」邊輸入或輸出。

有一種治療法，深受精神醫學和失智症治療所關注。那就是**雙重任務訓練**（dual task）。像是讓失智症患者一面跑跑步機，一面進行一些簡單的大腦練習，例如「減法」、「文字接龍」、「盡可能說出記得的動物名稱」等。

許多研究都相繼指出，雙重任務訓練可以改善失智症之前的MCI（輕度認知障礙）症狀，預防失智症。甚至可以改善阿茲海默症記憶衰退的症狀，防止惡化的作用。失智症的「健忘」，在過去一般都被認為「無法治療」。但是，如今只要透過持續進行雙重任務訓練，就能獲得改善。

運動結合簡單的大腦訓練，比起單純的「運動」更能刺激大腦。

雙重任務訓練

| 運動 | + | 大腦訓練 |

100連續減7等於
93,86,79,72,65……

活化大腦！

在上一節「提升記憶力」的內容中提到，運動可以提高大腦的記憶力、專注力和創造力。這些效果並不是表現在「運動後」，而是「運動中」。

舉例來說，在某個邊走路邊背單字的實驗中，比起不運動、只是單純背單字的組別，邊走邊背的組別記住的單字多了20%。

運動中大腦功能的提升效果，比起運動後，下降的速度更慢。因此，如果**想要記住什麼東西，善用「運動中」的效果最好**。

很多人在健身房運動、跑步的時候都會「聽音樂」。既然運動已經活化了大腦功能，大家不妨利用這個時候做些聽力方面的學習，例如聽英語會話等。

激發靈感的時候也是一樣，坐在桌子前想破頭，也想不出什麼好點子。大腦打結的時候，就去散散步吧。回來之後，應該就會想到好點子了。

運動可以活化大腦。藉由「邊運動邊做事」，輕輕鬆鬆就能提高大腦的記憶力、專注力和創造力。

運動可即時見效

運動中　記憶力 ↑　專注力 ↑　創造力 ↑

會議討論打結時，就邊散步邊做腦力激盪吧。

休息
Take a Break

休息時間就是要站起來動一動

長時間工作和念書會引發疲勞，注意力和專注力下降，效率也跟著變差。這種時候就必須「休息」，轉換一下心情。

很多人休息的時候都會滑手機，但是，滑手機是最糟糕的休息方法。這一點在前面已經說過。那麼，最好的休息方法是什麼呢？

答案就是運動。許多研究結果都顯示，只要運動十分鐘，包括專注力、記憶力、動力（幹勁）等皆能獲得提升。

各位如果像我一樣工作自由，最好的休息方法就是**到外頭散步十分鐘**。每當工作遇到瓶頸時，我都到河堤邊的步道散步。短短十到十五分鐘的「運動＋大自然」，可以得到完全放鬆的效果。

不過，對坐在辦公桌前的上班族來說，休息時間要運動不太容易。所以**建議可以爬樓梯**。送資料到其他部門，或是到會議室開會時，捨棄搭電梯，全部改成「爬樓梯」，這樣就能確保足夠的運動時間。

或者，也可以利用休息的十分鐘時間爬樓梯當作運動。到戶外走走轉換心情的效果更好，所以也可以選擇到附近的超商買東西。總之就是別一直坐著不動就對了。

根據澳洲雪梨大學（The University of Sydney）的研究，比起一天坐著的時間不超過四小時的人，坐超過十一個小時以上的人，死亡的風險高出40％。同份研究也指出，「一直坐著看電視，每個小時平均會減短22分鐘的壽命。」

美國加州大學洛杉磯分校（University of California, Los Angeles）的研究顯示，坐愈久的人，大腦的內側顳葉會愈變愈薄。內側顳葉

變薄會導致認知功能衰退，引發阿滋海默等失智症的症狀。換言之，一直坐著不動，對大腦和身體都會帶來非常大的負面影響。

有研究指出，透過「站立」可以刺激大腦額葉，提升專注力和工作記憶。近年來有許多研究都提到站立式辦公桌的效果，其中也有報告指出，長時間站立並不好，站立式辦公桌根本無效。依照我的見解，並非「站著工作」就是好，而是「一直坐著」是非常糟糕的作法。

大家一直以來都認為「放鬆坐著才叫作休息」。對從事勞力工作的人來說或許是這樣沒錯，但是，長時間坐在辦公桌前工作的人，休息時間要盡量站起來動一動才對。

「每次 10 分鐘」的「輕度」運動就行了

悠閒地騎十分鐘自行車，可以提高記憶力測驗的結果，活化海馬迴中和學習功能相關的部分。

簡單十分鐘的輕度運動，就能活化大腦，提升記憶力！

（根據日本筑波大學與美國加州大學爾灣分效的共同研究）

 別再一直坐著，每個小時休息一次，
起來動一動吧。

CHAPTER7
ADVANCED

移動
Change Locations

透過活化大腦「位置細胞」提升記憶力

各位認為下列哪一種學習比較有效？

A 一直待在同一個地方念書

B 不斷換地方念書

答案是B。

關於場所和記憶的關係，美國密西根大學進行過一項研究，要求受驗者在十分鐘（兩次）內背下四十個單字。

A組第一次和第二次都在同一個房間。B組第一次和第二次分別在不同的房間。結果發現，兩組記得的單字量，A組平均是十六個，B組是二十四個。只是改變場所，**記憶力竟然提升了40%**。

改變場所

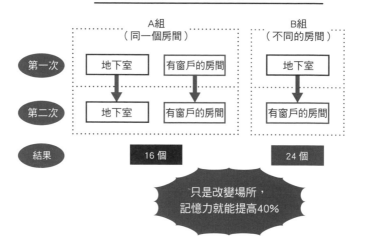

美國密西根大學的研究

在10分鐘（2次）內背下40個單字

	A組 （同一個房間）		B組 （不同的房間）
第一次	地下室	有窗戶的房間	地下室
第二次	地下室	有窗戶的房間	有窗戶的房間
結果	16 個		24 個

只是改變場所，
記憶力就能提高40%

一般認為這是因為人會將「場所的情報」和「單字的情報」做連結,在不同場所進行記憶,回想的線索也會比較多。

改變場所可以刺激大腦海馬迴裡的「位置細胞」(place cell)。海馬迴主司記憶,透過改變場所,或是步行或移動,可以活化大腦,提升記憶力。發現位置細胞的約翰·歐基夫(John O'Keefe)博士,2014年也獲得了諾貝爾生理醫學獎的殊榮。

事實上,我自己**每天都會更換三個不同的地方工作**。早上在「家裡書房」,中午在「咖啡店」用過午餐之後,就直接待在店裡寫稿。幾個小時之後,再轉移到「工作室」繼續寫。透過改變場所轉換心情,也可以恢復專注力,讓工作變得更有效率。

樺澤流的移動工作術

早上		中午		傍晚
家裡書房	移動 恢復記憶力	咖啡店	移動 恢復記憶力	工作室

家裡、咖啡店、圖書館等,
多找幾個自己能夠專心的場所。

CHAPTER7 ADVANCED

做好準備
Prepare for the Future

現在的輸入，十年後可以感受到效果

　　曾經有人問我：「要多久的時間，才能看到學習效果？」我毫不猶豫地回答對方：「十年！」對方聽到答案時那一臉失望的表情，我到現在都還記得。想必是被十年這麼長的時間給嚇到了吧。

　　《最高學以致用法》的暢銷，讓我有很深刻的感受：「十年前讀過的書，現在終於派上用場了。很慶幸自己從十年前開始就一直很認真地輸入。」

　　閱讀當然也有很多立即性的功效，不過，在讀完的當下，就只是「瞭解」而已。在轉化為自然而然的行動之前，都不算融會貫通。

　　舉例來說，學到「利用早上的時間寫下今天的待辦事項」的方法之後，隔天馬上就能進行。雖然有時候可能想不到內容，或是一忙起來就忘了，但是持續半年、一年的時間以後，已經養成習慣一早起來就自動坐在桌子前開始寫待辦事項。也就是說，**知識已經轉化成自己的一部分，變成習慣了。**

　　要達到不經思考、下意識地去做，換言之不只是「瞭解」，而是「養成習慣」的狀態，需要花上好一段時間。

　　2009年我出版了第一本商管書《億萬大亨的心理戰術》（暫譯。一億稼ぐ人の心理戦術）。當時我就心想：「我想寫一本教大家改變工作方式的書，一本足以代表當時時代的商管書！」為此，我不斷進行大量的輸入和輸出，然後在九年之後，完成了《最高學以致用法》。

　　短時間內輸入必要的知識當然很重要，但光是這樣是不夠的。必須抱持著「願景」，例如十年後的自己會變成怎樣？思考「自己

要做什麼？」「該做哪些輸入？」才能一步一步接近這個目標。為了達到十年後「夢想的自己」，做好輸入的「準備」也是絕對必要的。

我如今的心理和大腦，全靠十年前的輸入養成。

而你，為了十年後的自己，現在做了哪些輸入呢？

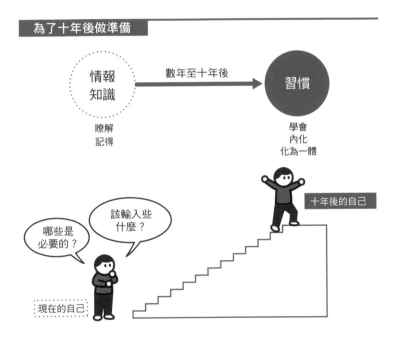

為了十年後做準備

為了十年後「夢想的自己」，
現在就開始做必要的輸入吧。

結語

非常感謝各位讀到最後。

寫這本書的時候，我的心情是希望它可以成為「令和時代的教科書」、一本最齊全的「提升智慧生產力的商管書」。

在接下來的時代，花更少時間達成更多工作的「高生產力人才」，將會愈來愈受到重視。隨著AI的急速普及，只能完成「被指派的工作」的人，恐怕會被社會漸漸淘汰。

因為，在這樣的時代，講求的是主動思考，積極輸入，具高度創造力，能夠想出AI所想不到的點子的人。

《最高學以致用法》和本書《最高學習法》，就替大家把這個方法，彙整成各種技巧，讓大家能夠立即實踐在工作和平常的學習上。

我在平成的最後一年出版了《最高學以致用法》，接著又在令和的第一年出版本書《最高學習法》。然而這一切並非偶然。

　　即便經過十年、二十年後再拿出來讀，這本書還是可以給大家帶來新的發現，加速成長。所以，我希望各位可以將它當成促使自己在接下來的令和時代達到突飛猛進成長的「座右書」來看待。

　　這個時代同時也被稱為是「人生百年時代」。當然，並不是每個人都能夠活到一百歲。

　　就算可以活到一百歲，卻是「孤身一人」，身邊沒有任何朋友和家人，也沒有財富可以自由運用，恐怕也稱不上是幸福。

　　這本書並非只是一本讓人「事業成功」的單純的商管書，同時也提供了許多獲得幸福人生不可或缺的重要因素，包括「健康」、「溝通」、「玩樂」等。

　　換言之，這也是一本「人生百年時代的教科書」，教你如何在事業上獲得成功，同時擁有充實、健康、快樂而幸福的人生。

　　我希望各位都能將本書提到的「以輸出為前提積極地輸入的方法」，以及《最高學以致用法》所提供的「透過行動改變現實世界的方法」徹底實踐，轉化為習慣。

　　就讓我們以沒有病痛的健康身體，充滿活力地面對工作，擁有充實、豐富的生活與玩樂，積極面對接下來的令和時代，幸福地走下去吧。

　　如果本書可以在這方面提供各位任何一點幫助，對於身為精神科醫師的我而言，那將會是至高無上的幸福。

令和元年7月
精神科醫師　樺澤紫苑

參考書籍

- 《記得牢，想得到，用得出來：記憶力、理解力、創造力的躍進術》（How We Learn: The Surprising Truth About When, Where, and Why It Happens／班奈狄克·凱瑞Benedict Carey）
- 《超牢記憶法：記憶管理專家教你過腦不忘的學習力》（Make It Stick: The Science of Successful Learning／彼得·布朗Peter Brown、亨利·羅迪格三世Henry Roedige、馬克·麥克丹尼爾Mark McDaniel）
- 《大腦當家（最新增訂版）：12個讓大腦靈活的守則，工作學習都輕鬆有效率》（Brain Rules: 12 Principles for Surviving and Thriving at Work, Home, and School／約翰·麥迪納John Medina）
- 《心流：高手都在研究的最優體驗心理學》（Flow: The Psychology of Optimal Experience／米哈里·契克森米哈伊Mihaly Csikszentmihalyi）
- 《生命的心流：追求忘我專注的圓融生活》（Finding Flow: The Psychology of Engagement With Everyday Life／米哈里·契克森米哈伊Mihaly Csikszentmihalyi）
- 《上級主管齊聚美術館》（暫譯。エグゼクティブは美術館に集う／奥村高明）
- 《滑手機讓人變笨》（暫譯。スマホが　力を破壊する／川島隆太）
- 《2小時的學習效果消失了！要不得的用腦習慣》（暫譯。2時間の学習効果が消える！やってはいけない脳の習慣／横田晉務著，川島隆太審訂）
- 《血字的研究》（A Study in Scarlet／亞瑟·柯南·道爾Arthur Conan Doyle）
- 《自然療法》（暫譯。The Nature Fix: Why Nature Makes Us Happier, Healthier, and More Creative／佛羅倫斯·威廉斯Florence Williams）
- 《真正的快樂處方：瑞典國民書！腦科學實證的健康生活提案》（The Real Happy Pill／安德斯·韓森Anders Hansen）
- 《運動改造大腦：活化憂鬱腦、預防失智腦，IQ和EQ大進步的關鍵》（Spark: The Revolutionary New Science of Exercise and the Brain／約翰·瑞提John Ratey、艾瑞克·海格曼Eric Hagerman）
- 《感動腦》（感動する脳／茂木健一郎）
- 《筆記的魔力》（メモの魔力／前田裕二）
- 《為何丈夫什麼都不做？為何妻子動不動就生氣？》（なぜ夫は何もしないのか　なぜ妻は理由もなく怒るのか／高草木陽光）
- 《適度緊張能提升兩倍能力》（暫譯。いい緊張は能力を2倍にする／樺澤紫苑）
- 《不努力，疾病自然痊癒》（暫譯。頑張らなければ、病気は治る／樺澤紫苑）
- 《每天90分鐘處理完所有網路訊息的99個小技巧》（暫譯。毎日90分でメール・ネット・SNSをすべて終わらせる99のシンプルな方法／樺澤紫苑）
- 《最強 腦科學時間術》（脳のパフォーマンスを最大まで引き出す 神・時間術／樺澤紫苑）
- 《高材生的讀書術》（読んだら忘れない読書術／樺澤紫苑）
- 《不用記憶的記憶術：不用背也不用努力！記憶力越差的人越有效！日本名醫教你史上最輕鬆的記憶法，讀書考試、提升工作效率、預防失智症，任何場合都用得上！》（覚えない記憶術／樺澤紫苑）
- 《精神科醫師的輸入與輸出學習法：腦科學、精神醫學及心理學佐證，讓你學習快又有效率！》（ムダにならない勉強法／樺澤紫苑）
- 明治安田生命「幸福夫妻的每一天」相關問卷調查（2018年）

最高學習法/樺澤紫苑作；賴郁婷譯. -- 初版. -- 臺北市：春天出版國際文化有限公司, 2020.12
面；　公分. -- (Progress；10)
譯自：学び効率が最大化するインプット大全
ISBN 978-957-741-310-9(平裝)

1.學習方法

521.1　　　　　　　　　　　109018179

最高學習法
激發最大學習效率的輸入大全

学び効率が最大化するインプット大全

Progress 10

作　　　者 ◎ 樺澤紫苑		總　經　銷 ◎ 楨德圖書事業有限公司		
譯　　　者 ◎ 賴郁婷		地　　　址 ◎ 新北市新店區中興路2段196號8樓		
總　編　輯 ◎ 莊宜勳		電　　　話 ◎ 02-8919-3186		
主　　　編 ◎ 鍾靈		傳　　　真 ◎ 02-8914-5524		
出　版　者 ◎ 春天出版國際文化有限公司		香港總代理 ◎ 一代匯集		
地　　　址 ◎ 台北市大安區忠孝東路四段303號4樓之1		地　　　址 ◎ 九龍旺角塘尾道64號 龍駒企業大廈10 B&D室		
電　　　話 ◎ 02-7733-4070		電　　　話 ◎ 852-2783-8102		
傳　　　真 ◎ 02-7733-4069		傳　　　真 ◎ 852-2396-0050		
E－m a i l ◎ frank.spring@msa.hinet.net				
網　　　址 ◎ http://www.bookspring.com.tw				
部　落　格 ◎ http://blog.pixnet.net/bookspring				
郵 政 帳 號 ◎ 19705538				
戶　　　名 ◎ 春天出版國際文化有限公司				
法 律 顧 問 ◎ 蕭顯忠律師事務所		版權所有・翻印必究		
出 版 日 期 ◎ 二○二○年十二月初版		本書如有缺頁破損，敬請寄回更換，謝謝。		
二○二四年四月初版 七刷		ISBN 978-957-741-310-9		
定　　　價 ◎ 370元				